新版

谷根千 ちいさなお店散歩

南陀楼綾繁

WAVE出版

はじめに

谷中、根津、千駄木という3つの町をあわせて、「谷根千《やねせん》」。この呼び方は、1984年創刊の『地域雑誌 谷中・根津・千駄木』（谷根千工房）を、愛読者が略したことから生まれました。

多くの寺と墓地がある谷中、明治時代まで遊郭があった下町の根津、森鷗外や夏目漱石が住んだ千駄木と、それぞれの顔を持ちながら、3つの町は密接につながっています。だから、この総称がしっくりきたのでしょう。「谷根千」は次第に広まっていき、2000年代には雑誌やテレビなどで「谷根千」を冠した特集や番組がつくられるようになりました。

「谷根千」の浸透と重なるように、それまでの老舗やこの地域の従来のイメージとは異なる、新しいタイプのお店が増えてきました。雑貨店、ブックカフェ、ステンドグラス工房、パン屋……。店主は若い世代が多く、古い民家を自分たちの手でリノベーションするなど「自分の場所」を持つことへのこだわりが強くあります。また、店を始めるのと同時に、この地域に住むようになった店主も多いです。

本書では、それらのお店や地域活動の拠点となる場所を40カ所選びました。

取材にあたっては、「始めたきっかけ」「続けていくために」「谷根千への思い」をポイントにお話を伺いました。ときには失礼な質問もしたかもしれません。そのおかげで、店主さんひとりひとりの物語と、喜びも悩みもある「現在進行形」のお店のかたちを伝えることができたのではと思います。「いつか店を持ってみたい」と夢見ている方にも、ぜひ読んでいただきたいです。

またコラムでは、本文とは違う視点から、谷根千のお店や地域についてレポートしています。

なお、章立ては住所ではなく、日暮里駅、千駄木駅、根津駅を基点として、それぞれのお店を配列しています。たとえば、「千駄木駅から①」の章にあるお店でも、根津駅からほぼ同じ距離だったりします。あくまで便宜的なものとお考えください。

本書を読まれた方が、お店に足を運んでくれるだけでなく、「谷根千」の町と長く付き合うようになってくだされば、著者としてはとても嬉しいです。

はじめに……002

開業年

日暮里駅から

2012・12〜 旅するミシン店（ブックカバー）……008
2010・1〜 谷中 松野屋（暮らしの道具）……012
2010・6〜 古書信天翁（古書）……016
2004・7〜 nido（ステンドグラス）……020
2004・12〜 Leprotto（革小物）……024
2006・6〜 雑布 きんじ（古布雑貨）……028
2013・4〜 ビアパブイシイ（パブ）……032
2010・9〜 東京キッチュ（雑貨）……034
2013・3〜 HAGISO（ギャラリー、カフェ）……036
2013・7〜 HOW HOUSE（雑貨、ギャラリー）……040
2006・9〜 貸はらっぱ音地（屋外スペース）……044
2016・12〜 ワト舎（雑貨）……048

〈コラム〉店を継ぐということ……052

千駄木駅から①

2006・1〜 books&café BOUSINGOT（ブックカフェ）……056
2009・8〜 古道具 Négla（古道具）……058
2015・8〜 Coffee & Bindery Gigi（カフェ、製本）……062
2012・11〜 198 Queen st. Kingston 平澤剛生花店（花）……064
2012・7〜 Cafe Gallery 幻（カフェ、ギャラリー）……068
2013・8〜 紙と布（紙と布の雑貨）……070
2009・12〜 Biscuit（ヴィンテージ、雑貨）……072
2009・7〜 Tokyobike Rentals Yanaka（レンタサイクル）……076
1996・11〜 往来堂書店（新刊書）……081

2001・10～ 古今東西雑貨店 **Irias**（雑貨）……084
〈コラム〉不忍ブックストリートの13年……088

千駄木駅から②

1998・4～ **古書ほうろう**（古書）……092
2010・6～ おにぎりカフェ **利さく**（おにぎり）……096
2010・11～ **檸檬の実**（ごはん）……100
1999・4～ **パリットフワット**（パン）……104
2008・8～ **あめ細工吉原**（飴細工）……108
2009・4～ **羽鳥書店**（出版）……112
2011・3～ **谷根千〈記憶の蔵〉**（地域活動）……114
〈コラム〉地域をつなぐお寺のネットワーク……116

根津駅から

2012・5～ **タナカホンヤ**（古書）……120
2013・6～ **F9**（ベジブルカフェ）……124
2015・3～ **上野桜木あたり**（コミュニティスペース、ショップ）……128
2006・8～ **classico**（雑貨、服）……133
2016・1～ **ひるねこBOOKS**（古書、雑貨）……136
2007・7～ 上海家庭料理 **海上海**（中華）……140
2011・10～ **Bonjour mojo**^{2}（パン）……142
2011・9～ **古書バンゴブックス**（古書）……146
2017・2～ **ASAGAO**（フレンチ）……148
2016・2～ **弥生坂 緑の本棚**（古本カフェ、植物）……150
2011・9～ **STORE FRONT**（ギャラリー、洋書）……154
谷根千おでかけカレンダー……156
新版のおわりに……158

＊本文中の情報は2017年9月末現在のものです。

日暮里駅から

JR山手線・京浜東北線・常磐線・京成本線

「日暮里」には「一日過ごしても飽きない里」という意味があるそうです。駅の近くには広大な谷中霊園が広がり、道を歩けば寺にぶつかります。いつも猫が集まっている夕やけだんだんを下れば、観光客でにぎわう谷中ぎんざ。その先のよみせ通りにも地元に親しまれている店が多くあります。

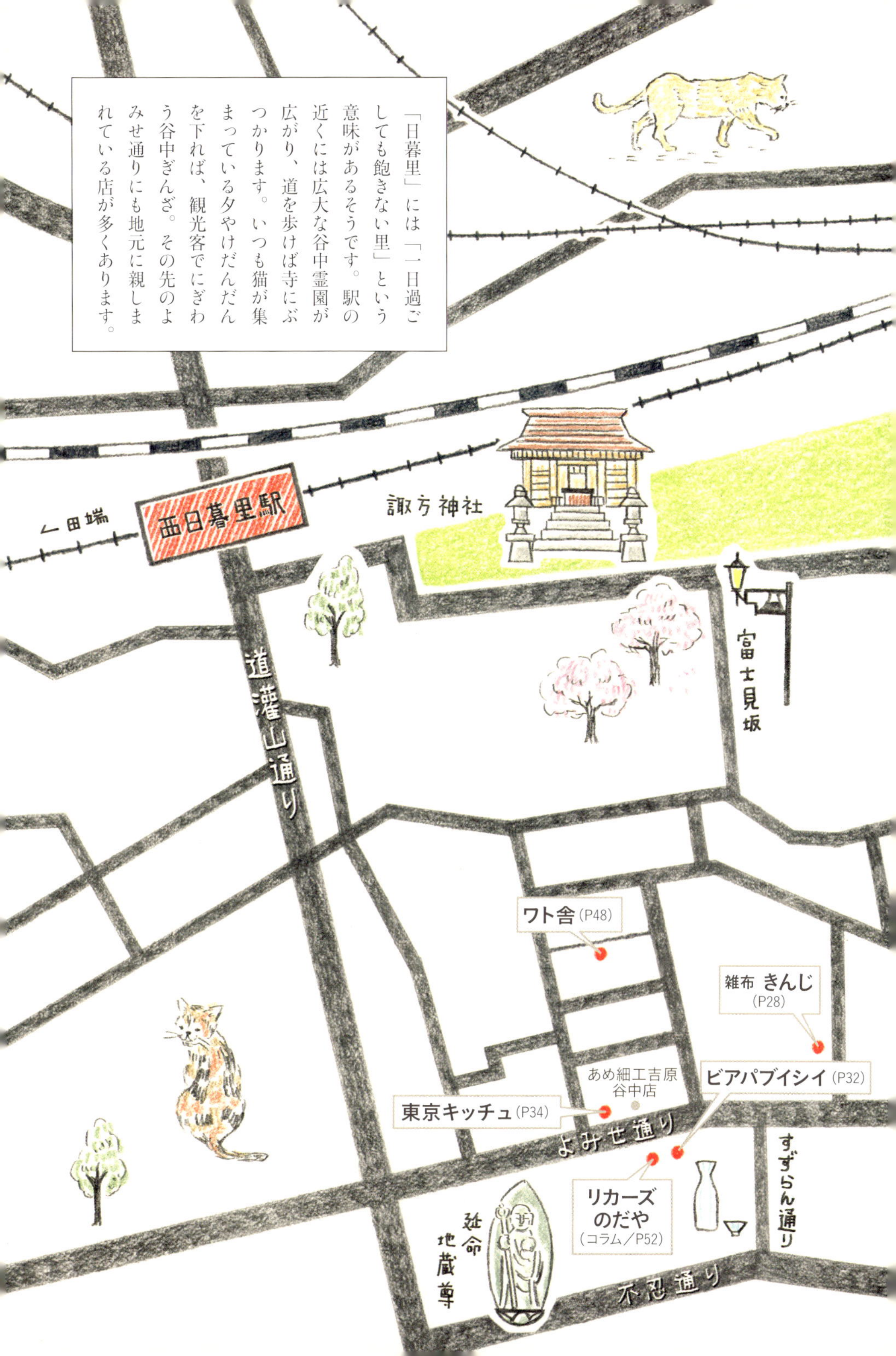

旅するミシン店《たびするみしんてん》

旅や散歩のお供にしたい手づくりブックカバー

2013年10月、谷中のシンボルとして親しまれてきた朝倉彫塑館が、改修工事を経て再オープンした。静かなこの通りに、週末になると旅するミシン店は出現する。

店内に並ぶのは、布製のブックカバー。文庫判、新書判、四六判、コミック、A5判（ハードカバー用、ソフトカバー用）と、本のサイズにあわせて選べる。

「他社に比べて6ミリ背が高いハヤカワ文庫用にあわせて文庫のカバーをつくっています。本のサイズは奥深いです」と、店主の植木《うえき》ななせさん（77年生）は笑う。

カバーの表には植木さんが描く動物のイラストが入っている。裏地にはさまざまな柄の生地が使われており、リバーシブルで使える。

絵を描くことが好きだった植木さんは、2001年に出版社にデザイナーとして入社。イメージキャラクターを発案したり、話題作となった松原

始『カラスの教科書』を担当した。

その一方、個人活動として10年以上前から都内のアートフリマや手づくり市で、自分で刺繍したトートバッグやブックカバーを販売していた。好評で製作が追いつかなくなったため、刺繍からプリントゴッコによる印刷に切り替えたほどだった。

つくってから売るまで、すべての過程に立ち会うことに喜びを覚えた頃、興味本位でネット検索していて、寿司屋だったという物件が見つかった。観光客でにぎわう谷中銀座と異なりこの辺りを歩く人は少ないが、手づくり市に来てくれるお客さんに近い匂いがした。「散歩の途中に立ち寄ってもらえる店にしたい」と、ここに決めた。2012年8月から内装工事に入り、12月15日にオープンした。

手づくり市時代から使っているこの屋号の由来のひとつは、植木さんの実家が足立区のミシン店だから。小さい頃から祖父や父がミシンを修理する姿を見てきた。また、ブックカバーを旅や散歩のお供にしてほしいので、この名を選んだ。

主に週の前半は製作、後半

は店を開く。パートナーの安《やす》武輝昭《たけてるあき》さんと共に製作、運営、そして家族が手伝ってくれる。

いまの課題は、アイテム数を増やすこと。いろんな種類から選べると、お客さんに喜んでもらえる。ブックカバーのほかに、トートバッグやポストカード、便箋など幅を広げている。また、本の出版も始めた。出版社と呼ぶには規模は小さいが、著者と一緒に本をつくる喜びは大きい。

「店を始めて、いろんなことが判りました。谷中の人出のピークは、ゴールデンウィークと秋なんです。

来てくださるお客さんは、本に関わる仕事のかたが多いのも特徴だと思います」

オープンから1周年を迎えた頃から、しばらく休んでいた手づくり市（雑司が谷「手創り市」）にも復帰した。そこで会った人が店にも訪れてくれる。

以前から「一生できる仕事を探したい」と思っていたという植木さん。どうやら、それが見つかったようです。

住所：台東区谷中7-18-7-1F
営業時間：12:00~17:00頃
[詳細はHPに掲載]
営業日：金・土・日・祝
http://tabisurumishinten.com/

谷根千の
ながめ

夕やけ
だんだん

谷中 松野屋

やなか まつのや

「民衆的手工業」が生んだ生活用品が輝いて見える店

谷中銀座の先の「夕やけだんだん」を上ったところにある通りは、平日は静かだが、週末になると、子どもにベーゴマを教えるおじさんたちや酒屋の前でビールを飲む人、路上にチョークでお絵描きする子どもと、通行人が入り交じって、とても賑やかになる。通り全体が原っぱのようだ。

なかでも、谷中 松野屋の店先には多くの人が群がる。店の外にも中にも、ほうき、かご、バケツ、ちりとり、長靴など、日本古来の生活雑貨

が所狭しと並ぶ。昔の家庭には常備されていたが、いまは見かけなくなったそれらのモノが、この店では不思議と輝いている。用途を知らない若い人も、面白そうに手に取っている。

　飼い葉桶や米びつなど使われなくなった道具も、収納ボックスなど新しい使い方を提案することで生まれ変わる。

「うちが扱う商品は、すべてふだん使いできるもの、いわば『荒物雑貨』です。それも、大量生産されたものではなく、職人が手づくりしたものから選んで仕入れています」と云うのは、松野屋店主の松《まつ》野《の》弘《ひろし》さん（53年生）。向かいの〈大島酒店〉の前でビールケースに腰掛け、「ここがうちの応接室」と笑う。

「この通りには、中華の〈深《しん》

メタルペール
45型 日本製

圳《せん》〉や〈古書信天翁〉（16ページ）など面白い店が多いです。路上でも新しい動きが出てきて、自然発生的なドラマが生まれていますね」

　松野屋は、祖父の代から馬喰町でカバンの卸業を営む。それを見て育った松野さんもものづくりに興味を持った。当時はアウトドア用品やプロユースの作業着が日本でも注目されはじめていた。一方で、民芸運動から生まれた「用の美」の考え方にも共感を持つ。大学卒業後、京都の帆布屋で4年働き、東京に戻る。松野屋に仕入れにくる若い世代の雑貨屋と親しくなったことから、オリジナルのバッグをつくるなど、それまでの卸から仕事の幅が広がっていった。

　この店を開いたのは2010年1月だが、その20年前から谷中に住んでいた。妻が営んでいた手づくり雑貨の店をリニューアルするかたちで、松野屋の小売店としてオープンした。この建物はかなり古いようで、入口の裏に「新刊図書」「天狗倶楽部」（碁会所らしい）の文字が残る。

　松野屋は、パリの展示会にも出展し、ロンドンや台北にも卸先を持つ。日本の製品だけでなく、いいと思ったものは海外からも買い付ける。「ないものを探すのがプロです」と、松野さんは云う。

「好きな言葉は『雑』。雑貨、雑誌、雑木林、雑煮、雑巾……。雑が入る単語はどれもいいでしょう（笑）。雑多なもののなかから、ベストでもベターでもなく、『ナイス』な商品を置いていきたい。かっこいいとか可愛いとかは、ほかの店に任せます」

　プラスティック製品や100円ショップにより絶滅寸前だった、手づくりの生活道具の価値を再発見した松野さん。「今後も日本の『民衆的手工業』を見つめていきます」と、松野さんは力強く云った。

住所：荒川区西日暮里3-14-14
電話：03-3823-7441
営業時間：平日11:00~19:00
　　　　　土・日・祝10:00~19:00
定休日：火［祝日は営業］
http://www.yanakamatsunoya.jp/

やなかはろー
カラオケ
スタジオ
にっぽん
2F
200円
お値段は
100円
キンダーブック
赤毛のアン
100円

古書信天翁《こしょあほうどり》

「夕やけだんだん」の上で古本屋を続けていくこと

谷中銀座を抜けて「夕やけだんだん」を上ると、すぐ右のビルの2階に古書信天翁はある。窓から谷中の町が見下ろせる。「ここから見える夕焼けが好きで、ときどき写真をツイッターに載せています。店を探したときも、この見晴らしの良さが決め手になりました」と、山崎哲《やまさきあきら》さん（66年生）は云う。

建物の前のスペースに台を出し、読みやすい文庫や雑誌などが雑多に並ぶ。しかし、店内に入ると、海外文学、美術書、詩集、映画・演劇の本など、きちんとジャンル分けされている。端整な棚だという印象だ。外と中の印象がずいぶん違う古本屋なのだ。

「外の本はだんだん量が増えていますね（笑）。この通りはまとめ役の〈大島酒店〉さんの人柄もあって、ゆるやかで自由にさせてもらっています」と、神原智子《かんばらともこ》さん（70年生）も云う。2人は夫婦でこの店を営んでいる。

住所：荒川区西日暮里3-14-13
　　　コニシビル202
電話：03-6479-6479
営業時間：水〜土13:00~20:00
　　　　　日・祝12:00~20:00
定休日：月・火
http://www.books-albatross.org/

１９９５年、千駄木に〈古書宮橋〉が開店。オーナーからこの店を任された山﨑さんらが独立し、１９９８年に〈古書ほうろう〉（92ページ）を始める。谷中の古いアパートに住み、この町にも知り合いが増えていった。

２組の夫婦で経営していたが、山﨑さんたちが独立することになり、谷中で物件を探し、現在の場所に決めた。この建物は、いまは夕やけだんだんの下に移ったトルコ・イラン料理店の〈ザクロ〉があった頃から知っていた。知り合いに紹介された工務店に、安い予算で内装を頼んだ。

店名は山﨑さんの発案。「信天翁」という字面がまず浮かび、そのあと、英語の「アルバトロス」が２人の好きなリッキー・リー・ジョーンズの歌のタイトルであることに気づいて、これに決めた。

翌年には古書組合に加入、小川町にある市場に通って本を仕入れる。

「これまで自分は本物の古本屋じゃないというコンプレックスがありましたが、市場でいろんなタイプの古本屋さんに会って、気が楽になりました」と、山﨑さんは笑う。市場で入札するのは面白いが、欲しい本はつい高く買ってしまうのが悩みの種だ。

古本屋同士の付き合いが増えるにつれ、店の外での古本市に参加することも増えた。競輪場の京王閣を借り切って開催される「東京蚤の市」に出たときは、店の在庫になっていた本が飛ぶように売れたことに驚く。

「こんなに多くのお客さんがどこに隠れていたんだと思うほど（笑）。外に出てはじめて、意外なところにニーズがあることが判った」

催事にあわせて発行する古書目録をつくるのも、初の体験だった。「どんな本を選んで並べるかを考えるのが面白い」と、神原さん。

２人がほうろうで担当していたジャンルをもってスタートしたが、少しずつ扱う本の幅を広げている。

「20年近くやってみて、やっぱり古本屋は面白い仕事だと感じています。これからも、とにかく店を続けていきたいです」と、２人は云う。

夕やけだんだんの空を舞う信天翁が、この先どう変化するか楽しみに見守りたい。

ROLLING THUNDER
REVUE
BOB DYLAN

ROLLING THUNDER
REVUE
STARRING
BOB DYLAN
BOB DYLAN LIVE 1975
ADVERTISING
NEXT

transmission knocking bird revue
transmission knocking bird revue
はなし
小林かいち展
KAICHI
チョウゲンボウ
東京国立博物館
日本古美術展
Casa

nido《ニド》

「光」を感じるガラス作品を この場所でつくっていく

よみせ通りの途中にある細い路地の奥。ひっそりとした一軒家が、ステンドグラス工房のnidoだ。スペイン語で「鳥の巣」あるいは「隠れ家」という意味だという。

「作品が巣立つ場所という気持ちもあり、この家の雰囲気からこの名前にしました」と話すのは、真野《まの》江利子《えりこ》さん（77年生）。共同経営者の矢口《やぐち》恭子《きょうこ》さん（72年生）は旧版の取材時には産休中だった。

元は洋裁教室だったという空間の手前をショップ、奥を工房にしている。ショップではランプ、キャンドルホルダー、オーナメント、ミラーなどのステンドグラス作品を展示販売する。これらは、矢口

さんと真野さんの手になるもの。nidoはこの場所の名前であるとともに、2人の作家名でもある。

ステンドグラスづくりの基本は、切った板ガラスにカッパーテープ（銅テープ）を巻き、フラックス（汚れを除去する溶液）を塗る。ハンダゴテで溶かしたハンダでガラスをつないでいく。窯で焼き合わせたガラスを使ったり、枠やおはじきなどと組み合わせたりすると、雰囲気が変わる。

「ステンドグラスのワークショップでは、手鏡かキャンドルホルダーをつくっていただきます。はじめての方でも1〜3時間で簡単に出来ます」

大学の家政学部でインテリアを学んだ真野さんは、友人の姉だった矢口さんがステンドグラス学校に通うのを見て、

black
mail

nido open

興味を持った。矢口さんとその友人の米屋《よねや》さんに教えてもらいつつ、つくり方を習得していった。

　3人でデザインフェスタなどに出展し、いつかは工房を持ちたいと話し合っていた頃、谷中を散歩していて、空き家の看板を見つけた。3人で資金を出し合って借り、1カ月ほどでオープンした（米屋さんは2年後に独立）。ステンドグラスの工房はほかにもあるが、ショップを併設しているのは珍しいという。

「最初は入ってくる人も少なかったのですが、谷根千の同世代の女性店主が、お客さんにこの店を紹介してくれてから次第に増えていきました。当時は自分の気に入った作品から売れていくことが、ちょっと悲しかったです（笑）」

　店に来る客は、手づくりのものが好きで、自分の空間を大事にしたい人が多い。これから家を建てたり、店を始めようという人もいる。

　最初の年の秋から芸工展（谷根千エリアのアートイベント）に参加し、ワークショップを行なう。その後は年に1、2度、テーマを決めて新作発表会を開いている。古道具と組み合わせたり、洋服作家、写真家、イラストレーターとコラボレーションしたり。百貨店やギャラリーの展示やイベントに出すこともある。

　定休日も工房にいることが多く、つねに何かをつくっている。真野さんは絵や写真などを眺めてスケッチし、アイデアを絞り出すように作品をつくる。一方、矢口さんはお風呂に入っているときにいいアイデアが浮かぶそうだ。また、オーダーメイドでつくるときには、お客さんのリクエストから思ってもみなかった作品が生まれることも。

　工房の窓のステンドグラスが素敵ですねと云うと、「去年ヒマだった時期につくったんです。ここに一日中座っていると、あの窓のガラスの光り方が変わっていくのが判ります。改めてそんなことに気づきました」と真野さんは答える。ステンドグラスはかたちが出来たときではなく、光を当てることではじめて完成する。だから好きな言葉は「光」だ。

　週末は多くの人でにぎわうよみせ通りだが、奥に入ったこの場所はいつも静かだ。外から覗いて扉を開けずに帰っていく人も多い。

「でも、ステンドグラス自体が万人に受け入れられるものではないので、それでいいと思います」

　自分たちのペースで作品をつくり、売っていく。そういう場所にいられることが幸せなんです、と真野さんは微笑んだ。

住所：台東区谷中3-13-6
電話：03-3824-2257
営業時間：11:00~19:00
定休日：水
http://nido.in.coocan.jp/

Leprotto
レプロット

職人が丁寧に手縫いする使うほど手になじむ革小物

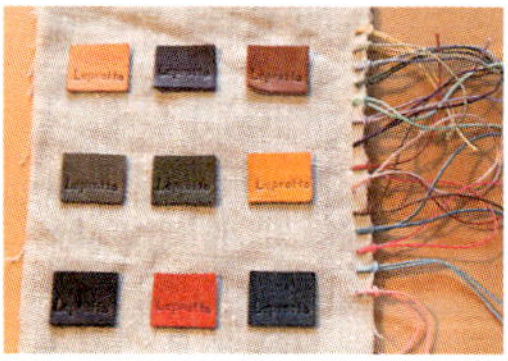

落ち着いた色合いと、柔らかい革の手触り。「使っていると、手になじんでくるんだよ」と、友人から愛おしそうにレプロットの財布を見せられた。地元の人、とくに店を営んでいる人から、レプロットの革小物は愛されている。

　よみせ通りの裏にあるビルの2階に、アトリエを兼ねた店舗がある。山田《やまだ》千登勢《ちとせ》さん（63年生）がお客さんに丁寧に商品を説明し、奥では高橋《たかはし》貞昭《さだあき》さん（51年生）が作業する。寡黙な職人という感じの高橋さんだが、笑ったとたんに人懐こい表情になる。

　つくっているのは、財布、キーケース、ペンケース、定期入れ、バッグなど。見本から革や糸の色が選べるセミオーダー制だ。

「植物タンニンでなめした革は、経年で違う風合いになるので、使うほどになじみます。糸は『こんな色があったら楽しい』と増やすうちに、15色になりました」

住所：文京区千駄木3-40-12
福島ビル2F
電話：03-3827-8100
営業時間：13:00~18:00
定休日：水［不定休あり］

　父は深川のハンドバッグ職人だったという高橋さん。近くで見ているだけに職人の仕事が嫌いだったが、浅草のハンドバッグ会社に入ることに。都内や地方の卸先を回って、注文を取った。

　次に勤めた会社では、素材選びからデザイン、販売まですべての工程に関わり、無から生み出したものが店頭で売られることに喜びを感じた。

　あるとき、原宿のショップで、ミシンを使わずに手縫いで革製品をつくるイタリアのブランドに出会う。ミシン縫いにはないぬくもりを感じ、自分でもつくりたいと考える。

　当時の高橋さんは自身で革を縫った経験がなく、職人に依頼するしかなかったが、手間のかかる手縫いは嫌がられた。しかし、最後には高橋さんの情熱に負けて、引き受けてくれたという。

　１９９０年代末に卸売を始める。高橋さんが卯年なので、イタリア語でウサギの意味のレプロットをブランドネームとした。前の会社の同僚だった山田さんに、ロゴをつくってもらった。

　山田さんが谷中に住んでいる縁で、根津のカフェ〈ＮＯＭＡＤ〉で展示販売したところ、反応が良かった。「谷中にはこのテイストを好きな人が多いのでは」と考え、山田さんの自宅の一室を借りて、２００４年にショップを始めた。その後、へび道近くの長屋で７年間営業したが、建物が取り壊されることになり、２０１３年４月、現在の場所に移った。

　いまでは、裁断とコバスキ（革を薄くする）以外の工程は、高橋さんがひとりでつくる。一つずつ空けた穴に慎重に針をくぐらせていく。オーダーを受けてから完成するまでに３カ月かかるというのも納得の手間のかかりかただ。手縫いだから、長年使って糸がほつれたら縫い直すこともできる。「まだ使いたいから」と前に買った財布の修理を頼まれることも。

　つくり終えて、手を離れるとホッと一息。これからその品を使ってくれるお客さんに、直接手渡せるのも、店があるおかげだ。

　好きな言葉は、父の口癖の「実るほど頭を垂れる稲穂かな」。若い頃は嫌いだったのに、いまの高橋さんは職人そのものですねと私が云うと、照れくさそうに笑った。

雑布《ざっぷ》 きんじ《きんじ》

好きだから続けられる
古布でつくる和雑貨の店

よみせ通りから細い道を入ってすぐのところにある雑布《ざっぷ》きんじは、古い布を材料にした財布やポーチ、バッグ、巾着などの小物の店だ。

「骨董市などで戦前の着物を買ってきて、糸をほどいた生地を使います。端切れが出るともったいないので、それで新しい小物をつくったりします」と云うのは、店主の河路《かわじ》奈緒美《なおみ》さん（67年生）。

幼少期にはベネズエラに住んだこともあるという河路さんは、設計事務所に勤めていた頃、同僚の「きん」さんの影響で、週末に各地の骨董市をめぐって古民具などを集めるようになった。

流行のファッションが好きではなかったという河路さんは、きんさんが祖母からもらった着物でつくった洋服を見

て、「これだ！」と感じ、自分でもつくりはじめる。当時、好きな生地を集めてつくったリュックは、旅行などで使い尽くしてボロボロになったが、いまも宝物だ。

2人で店を持とうとフリーマーケットに出店。そのとき付けた屋号が、きんさんの「きん」と河路の「じ」できんじだった。別の趣味を見つけたきんさんが抜けたあとも、この名前でイベントに出店したり、雑貨店に手づくりの品物を置いてもらったりした。

会社の縮小で失業し、小物をつくって生活したいと考え、谷中の一軒家の2階に引っ越した。1階のアンティーク雑貨店に挨拶に行くと、「根津に引っ越すからここで店をやれば？」と云われて、「後ろから押されたみたいに」店を

始めることになった。

自作だけでスペースが埋まらず、知り合いの作家に声をかけて、帽子、アクセサリー、腕時計などを置いた。開店から1年後に、イラストレーターMARUさんの絵や人形などの展示を行なう。その後も、作家や和小物の展示を開催している。タイ旅行で買い付けてくる生地でつくる「タイパンツ祭り」も毎年6月の恒例になっている。

始めて2年ほどは客が多かったが、東日本大震災以降は客足が落ちているのが悩みだ。それでも続けてこられたのは、「自分の世界を崩したくない」という気持ちが強いからだと河路さんは云う。「自分が好きではないものをつくるのはイヤなんです。儲けることを考えていたら、手づくりの仕

住所：台東区谷中3-14-3
電話：03-5814-1239
営業時間：11:30~19:00
定休日：火
http://zappukinji.com/

〈貸はらっぱ音地〉に出店中のアーティストと話す河路さん［右］

事なんてできませんから」。

骨董市や着物屋で安くていい布を見つけたら、これで何をつくろうと考える。店に置いている商品以外に、オーダー品もつくる。手を付けるまでは不安だが、出来上がった瞬間にはホッとする。

「10年経って、この店への愛着は湧いていますね。店って自分の中身を隠さずに見せている場所でしょう？　これが私ですって。よく考えてみるとスゴイなと思う（笑）」

河路さんの好きな言葉は、「ま、いっか」。なんだか落ち着くので、よく口にするそうだ。「悩んだときにはやらないですね。いろいろ大変ですが、これからも古いものに携わって生きていたいです」と、河路さんはにこやかに、でも力強く云い切った。

ビアパブイシイ

BEER PUB ISHII

近所の人が立ち寄り 気楽にビールを楽しむ店

ビアパブイシイの入り口は、全面が素通しのガラス張りになっている。よみせ通りを歩いていると、中で楽しそうにビールを飲む人が見えるので、ふらふらと入ってしまう。誘蛾灯のような店だ。

「この辺は夜早く閉まる店が多いので、遅くまで飲めてしっかり食べられる店が出来たことを喜んでくださるお客さんが多いです」と店主の石井《いしい》寛之《ともゆき》さん（71年生）は云う。

国産のクラフトビール（小規模な醸造所で職人が造るビール）を日替わりで4種類出すので、行くたびに珍しいビールが飲める。瓶ではなく樽で仕入れ、サーバーから1杯ずつ注いで出す。料理はフィッシュ＆チップス、タコライス、セロリのピクルスなど。

注文した品と引き換えに支払うキャッシュ・オン・デリバリー制。椅子はあるが、立って飲む客も多い。さっと飲んで、さっと帰れるのがいい。

「店を始めてから迷走しないように、ビールも料理も種類を絞ったんです。前から好きで応援したかったので、国産のクラフトビールを中心にしました。普通のビールしか飲まない方にも、クラフトビールの良さを知ってほしくて」

大学卒業後、イギリスで入ったパブに魅せられた石井さんは、自分でもパブをやりたいと思い、29歳で、アイリッシュパブの系列店である焼酎バーで働きはじめる。その後、スコティッシュパブやオーセンティックバー、沖縄料理店などと店を移りながら、各地の料理を独学でつくった。

妻の実家が谷中で、自身も4年前から千駄木に住む。路地や横丁が多く、老舗に交じって若い店主の店があるこの町で、パブをやりたいと思い、元飲食店の店舗を借りた。

プレオープンの日から客が集まり、思った以上に売上が伸びた。客の8割はこの近所に住む人。自分の店を閉めてからここに来る客もいる。

「時間帯によりますが、一人のお客さんが多いです。毎週決まった曜日に、1杯だけ飲みに来るお爺さんもいます」

パブの語源が「Public（公共）」であるように、気楽にビールを楽しめるこの店も誰にでも開かれた場所なのだ。

２０１７年10月、同じよみせ通りで移転。新しい物語の幕が開く。

住所：文京区千駄木3-45-8
電話：03-3828-7300
営業時間：火～土17:00~25:00
日15:00~22:00
定休日：月
http://beerpub-ishii.com/

JAMESON
SMOOTH IRISH WHISKEY
EST. 1780

TODAY ON TAP
サンクト ゴールデンエール (4.8)
志賀高原 ペールエール (5.5)
サンクト 超IPA (6.0)
NEX アウトサイダー インペリアルスタウト (8.0)
ヤッホー よなよなエール (5.5)
¥1000/pint ¥600/Half P
キリン ハートランド ¥800/¥500

東京キッチュ

Tokyo Kitsch

人との会話のネタになる「東京土産」の見つかる店

道灌山通りから田端に向かう住宅街の中の、事務所のように見える店。入ってみると、和菓子のストラップ、せんべいの小銭入れ、スヌーピーのこけしなど、ちょっとズレたセンスの妙なモノばかり。

「この店で扱っているのは、『東京の土産《みやげ》』をテーマにしたグッズ。展示会やネットで『和とユニーク』のある商品を探しています」と説明するのは、店主の松村《まつむら》美治《みはる》さん（78年生）。

大学のドイツ文学科に在学中に、「キッチュ」という概念に出会い、芸術でも民芸でもない表現に魅かれた。ウェブ制作会社を経て、フリーランスのウェブデザイナーとして働いていたとき、ネットショップの実例として立ち上げたのが、東京キッチュだった。自分が面白いと思って仕入れたものが、売れていく快感を味わう。

たまたま散歩で訪れた谷中が気に入り、住みはじめる。ネットショップのリピーターも増えていたので、「この場所で店をやってみよう」と決める。最初は棚がスカスカだったが、次第に商品が増えた。業者から仕入れるものと作家のオリジナルが半々。埋もれているもの、無名の作家を発掘することに力を注いでいる。

　また、松村さんが考えた店のオリジナル商品もある。畳のブックカバーや名刺入れは、息の長い商品になっている。

「夜寝る前にアレはできないかと妄想するんです（笑）。材料や製作費などで実現しないアイデアも多いんですが」

　谷根千の中心からやや外れた場所だが、サイトで見た客が足を運ぶ。この日も「だるまの花瓶ありますか？」と入ってきた女性が、最後の一つを大切そうに持ち帰った。

「お土産って、人に手渡すことで会話が生まれるものじゃないですか。これからも、コミュニケーションのネタになるものを扱っていきたいです」と松村さんは云う。

　２０１６年10月、東京キッチュはよみせ通りに移転した。そこでも「和とユニーク」センスにあふれる商品が増殖中だ。

住所：台東区谷中3-18-7
電話：03-5832-9218
営業時間：11:00~19:00
営業日：月・火
http://www.tokyokitsch.com/

PASCAL PINON
PASCAL PINON

HAGISO《はぎそう》

築58年のアパートが地域に開かれた場所になる

２０１３年３月、岡倉天心記念公園の正面にある古い木造２階建てアパートの外壁が突然黒く塗られ、「ＨＡＧＩＳＯ」というネオンが輝いた。これは新鮮な驚きだった。

中に入ると、1階右手が天井まで吹き抜けのギャラリースペース、左がカフェになっている。右奥の小部屋はレンタルスペース。2階は宿泊施設〈ｈａｎａｒｅ〉のレセプション、設計事務所が入っている。週末には多くの若者が集まり、夜にはライブやトークも行なわれる。

大胆にリノベーションしつつ、梁や柱、階段など元からある部分はそのまま残しているので、しゃれた雰囲気のなかにどこか落ち着きがある。

１９５５年建築のアパートを生まれ変わらせたのは、建築家の宮崎晃吉さん（82年生）。美術家で、ギャラリーの企画を担当する妻のＰｉｎＰｉｎ　Ｃｏさんとともに、ＨＡＧＩＳＯを運営している。

東京藝術大学の学生が空き家になっていた萩荘を見つけ、大家である宗林寺さんの許可を得て、アトリエ兼シェアハウスとして使いだしたのが２００４年。3年後、そこによく遊びに来ていた宮崎さんも住みはじめた。

大学院修了後、磯崎新事務所に入り、上海などで巨大建造物を設計する仕事に携わった。貴重な経験にはなったが、自分のキャパシティを超える大きさの建物をつくる手ごたえが実感できなかった。

「東日本大震災が起こった直

後に退職し、ボランティアとして仙台に行きました。そこで出会ったNPOの大学生が、いろんな人をつなげてアクションを起こしていることに刺激を受けました」

東京に戻ると、大家から地震を機に老朽化した萩荘を取り壊したいという話があった。その頃、数軒先の銭湯〈初音湯〉が突然なくなり、更地になったことも衝撃だった。

消えていく建物の記憶を残したいと、2012年2月から3週間、「ハギエンナーレ」を開催。萩荘全体を作品化するコンセプトで、20人のインスタレーションを展示した。約1500人が集まり、近所の人も多く見に来てくれたという。それを見た宗林寺の梶原千恵子さんが「この場所をなくしてしまうのはもったいない」と云ってくれたのに力を得て、宮崎さんは改修プランを提案。半年の工事を経て、萩荘はHAGISOとして再生した。

改修費用は大家と宮崎さんで分担した。「プロセスに関わる人を増やしたい」と見学会や解体作業への参加を呼び掛けた。萩荘時代の仲間もデザインなどで協力してくれた。

ギャラリーでは、若手作家の展覧会を中心に企画。2013年秋に開催した「PanoraMarket」は写真に関する本の展示販売で、内外のアートブックが並び、谷根千の古書店も参加した。

カフェ部分とあわせて、ライブやパフォーマンスも行なう。絵本が自由に読める「やなかこども文庫」も定期開催。サイトやフリーペーパーで情

報発信するなど、最初の1年に活発な動きを見せた。

「銭湯に関する展示やまちづくり交流会も行ないました。今後は地域に関わる展示をもっと増やしていきたいです」と宮崎さんは云う。公園の正面で角地という立地をいかして、開かれた場所として地域に定着させることが目標だ。

「谷根千は、路地が多く町を歩く楽しみがあります。HAGISOのある通りは狭いですが、生活している人と外から来た人が交ざっているのが面白いです。夜は暗かったのが、ネオンが点いて明るくなったと、近所の人が云ってくれたのが嬉しかったです」

地域に開かれるとともに、新しい動きを発信する場所として、HAGISOがどうなっていくか。その変化を見守るだけでなく、自分自身もこの場所に関わっていきたいという思いをかきたてられる。

2015年には宿泊施設〈hanare〉、今年にはお惣菜カフェ〈TAYORI〉をオープンした。「町のなかに拠点をつくる」プロジェクトはさらに広がっていきそうだ。

住所：台東区谷中3-10-25
電話：03-5832-9808
営業時間：
8:00~10:30 ／ 12:00~21:00
定休日：なし［臨時休業あり］
http://hagiso.jp/

HOW HOUSE《ハウハウス》

奥に進めば深い世界が
ものづくりの夢を実現する店

よみせ通りと防災広場初音の森をつなぐ通り沿い、児童公園の向いにHOWHOUSEはある。「公園の前というのが気に入ってこにしました」と云うのは、店主のアンディさん（73年生）。

この店は手前がショップになっていて、アクセサリーやオブジェなど作家の作品を販売している。一歩進むと、壁面を中心としたギャラリースペースになっている。取材時には「ゆけ!! 俺のロボ展」を開催していた。参加作家がイラストレーション、立体造形など独自の手法でロボットを表現する。

さらに、奥の部屋は工房だ。シルクスクリーンの製版機があり、Tシャツプリントなどの作業を行なうことができる。2階に上がると、その一室

「羊毛で作る動物たち」ワークショップ（2017年9月9日）

で「羊毛で作る動物たち」というワークショップが開催中。おがわこうへいさんの指導の下、8名の参加者が、質問しながら、ニードルで羊毛をつついて動物の形をつくっていく。楽しそうだ。ワークショップのない日には、おがわさんと別の作家たちのアトリエとして使われる。

奥に進めば進むほど、深い世界に入り込んでいくようだ。こんな店、見たことがない。

「ここは、ものづくりの楽しさや深さを、さまざまなやりかたで体験してもらう店なんです。HOW（どうやって?）に答えるという意味で、この店名にしました。あと、バウハウス（20世紀ドイツの芸術運動）もかかっています（笑）」

アンディさんは、テレビ番組の制作会社、イラストレーターのコーディネート会社を経て独立。もともと映画監督志望で、インディーズバンドでも活動していた。ご本人がつくる側の人だったのだ。しかし、自分には才能ある作家とクライアントの間をつなぐ役割のほうが向いていると気づき、ギャラリーでのグループ展や、商業施設での展示即売会を企画する。

「お客さんに、イベントやってないときに、作品をどこで買えるか聞かれて」、店舗を持とうと決意。以前から近くに住んでいたこともあり、谷根千に決めた。

「この辺りは東京藝大も近いですし、ものづくりをする小さな店が多いですね。町歩きに来た人が寄ってくれたり、海外のアーティストがわざわざ来てくれたりします」

ワークショップは毎月15種類ほど開催する。「葉っぱと木の実のピアス」「お顔ブローチ」「スモールペーパーアニマル」などユニークなものばかりだ。講師はいずれも作家であり、彼らの作品はギャラリーやショップで見て買うことができる。

「外での出張イベントを年60回はしているので、そこで知った人が店に来てくれます」と語るように、店と外の活動がうまく循環しているようだ。

「のちに有名になった〈トキワ荘〉のように、ここに集まった作家たちがどんどん注目されていってほしいです」

バッグのデザインをしたり、CDを制作したりと、いろんなことをやるのが好きだというアンディさんは、映画監督になるという夢を、別のかたちでかなえたのかもしれない。

住所：台東区谷中3-4-7
電話：03-5834-7277
営業時間：12:00~19:00
定休日：火
http://howhouse.jp/

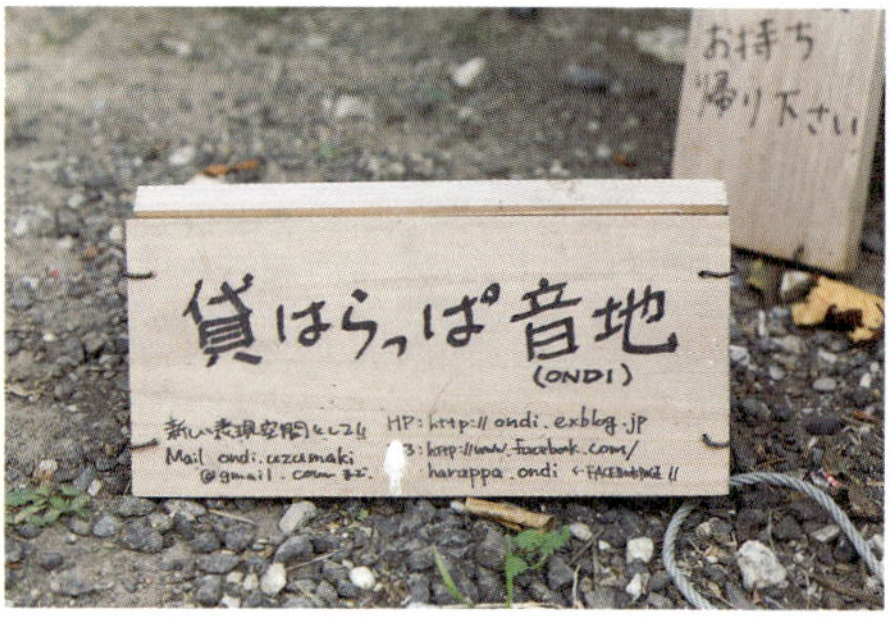

貸はらっぱ音地《かしはらっぱおんち》

何もない場所から生まれるさまざまな表現のかたち

東京の町を歩くといくらでも見つかる空き地。しかし次に前を通ると、家が建つか駐車場に変わってしまっている。

同じ空き地でも、谷中の一角のそれは、週末になるとフリーマーケットになったり、絵を描く人が現れたり、屋台が出たりする。そのとき、空き地はさまざまな人が行き交う「はらっぱ」に変わるのだ。

「この貸はらっぱ音地は、ここで何かやりたいという方に1日2000円で貸し出しています」と云うのは、持主である牧住敏幸《まきずみとしゆき》さん（67年生）。妻の款子《よしこ》さん（71年生）と2人で、このはらっぱを運営している。

大学で建築を学び大手建設会社に入った敏幸さんは、「谷中学校」という町づくりの集まりに興味を持ったことをきっかけに、谷中のアパートに住むようになった。一方、「もう東京には新しい建物は

アーティストのキムラペケさん［中央］主宰の谷中ペケ市（2014年1月5日）

要らない」と考えた款子さんは、不動産会社に入り古い建物を物件として扱っていた。

２００４年、２人はネットで16坪ほどの広さの土地を見つけ、驚く。そこは谷中学校の本拠の一軒家（現在は香隣舎として活動）の隣の土地だったのだ。

「夜に見つけて朝には申し込みしていました。家を建てるお金も時間もないので放置していたら、コインパーキングにしないかという売り込みがあったんです。そんなものにするのは嫌だなあと悩んでいるうちに、何も建てないままこの場所を誰かに利用してもらおうと考えたんです」

自分たちで何かをするのではなく、何かをしたい人が規制なく使える場所。名前を付けるとき、「はらっぱ」が最

手作りラララ市（2013年12月8日）

初に浮かび、「初音のみち」と呼ばれる道沿いだったことから、当時ハマっていた『アルプスの少女ハイジ』のおじいさんにひっかけて「音地」とした。

　最初のイベントは2006年9月。日干しレンガを土に返すというもので、通りがかりの人が興味を持って参加してくれた。翌月の芸工展にあわせて、積み木オブジェワークショップや青空美容室などを開催。一度出展した人が知り合いを紹介し、広がっていった。〈Bonjour mojo^2〉（142ページ）なども、ここが活動の出発点だった。イベント開催は毎年増え、11年間で450回に達している。

「天才ナカムラスペシャルさんが地面に絵を描いたときは、大人も子どもも集まりました。ギャラリーでなく路上で見せるから、幅広いコミュニケーションが生まれるんです」と敏幸さんが云えば、「写真好きの人たちが作品を持ち寄って売る青空写真市場もそうですが、人からの評価を求めずに、表現したくて居ても立ってもいられない人たちの場所になってきているのが、嬉しいです」と款子さんも応える。

　これだけ頻繁にイベントをやっているのに、近所の人たちとトラブルになったことは一度もなく、むしろ面白がってくれる人が多い。「出展者

キッチンカー〈コメシルナ〉出店（2013年12月22日）

羽鳥智裕流・生け花の会（2009年9月11日）

［左から］敏幸さん、款子さん

と友だちになったり、自分でもここを使ってくれる人がいます。谷中の人の度量の広さを感じますね」と、敏幸さん。

また、はらっぱを使う人との関係も良好だ。意外にも、ルーズな人の方が町の人と仲良くしてくれる。厳密なルールを求める人は、この場所に合わない傾向があるという。「はらっぱのイベントでは、私たちも一緒にやっている気持ちになる。表現のおすそ分けをしてもらっている感じですね」と、款子さんは云う。

個人の表現活動をサポートする場を提供したことが評価され、2012年に日本建築士会連合会のまちづくり賞優秀賞を受賞。

ここに家を建てる計画は消えたわけではなく、「町に開かれた家に出来ないか」と考えているという敏幸さん。「何度も模型をつくってるんです。結局、妄想しているのが楽しいみたい」と、款子さんは笑う。

考え込むタイプの夫と、直感で動くチャキチャキした妻。性格は違う2人だが、はらっぱを心から愛する同志だ。2人が楽しいと感じているうちは、はらっぱははらっぱのままであり続けるだろう。

住所：台東区谷中7-17-6
メール：ondi.uzumaki@gmail.com
http://ondi.exblog.jp/

ワト舎
営業中
雑貨屋
ワト舎

住所：台東区谷中3-17-12
電話：03-5834-7334
営業時間：10:30~18:00
(4~9月の週末のみ ~18:30)
定休日：水
https://www.watosha.tokyo/

ワト舎《わとしゃ》

猫が通るひっそりした通りで日本の暮らしを再発見する

「谷中幼稚園のそばに雑貨屋さんができたよ」と人から教えられ、地元の人でもあまり通らない細い道にその店を見つけた。一見普通の家で、ワト舎という小さな看板がなければ、気づかずに通り過ぎてしまうかもしれない。

　中に入ると、焼き物やガラス、ふきんやハンカチ、それに和紙でつくったハガキやカードなどが整然と並べられている。どれも趣味の良さが感じられる。

　奥にいた男性が外国の方だったので一瞬とまどうが、きれいな日本語で「いらっしゃいませ」と云ってくれた。聞けば、彼はフランス人で日本人の奥さんとこの店を営んでいるそうだ。彼の姓がシャントルウ、奥さんの旧姓がワタナベだから、ワト舎にしたという。「ト」が接続詞だったとは意外すぎる！

　シャントルウ夫妻に改めて話を聞くと、ジェロームさん（73年生）は98年に仕事で来日、そのとき明子さん（75年生）と出会い、結婚する。その後、フランスに戻り、ジェロームさんが外務省に勤務し、台北、ニューヨークで暮らす。その頃から機会があると日本に帰り、各地を旅した。

「前に住んでいたときは気づかなかった日本の良さを発見しました」と明子さん。町を歩いて地元の人の生活に触れることで、暮らしの中で使われるものに興味が湧いた。そういう商品を扱う店を開こうと帰国。このために、ジェロームさんは仕事を辞めている。

　何度か訪れていた谷根千で物件を探し、店舗に使っても

いいという一軒家に出会った。そこで暮らしながら、1年半準備して2016年12月にワト舎をオープンさせた。

「判りにくい場所にありますが、町歩きしに来た方にはかえって面白がってもらえます。『入っていいのかな?』とおずおずいらっしゃる方もいます(笑)」と明子さん。「この通りは猫が多いので、カメラを片手にいらっしゃるお客さんもいますね」とジェロームさん。ひとつひとつの商品について丁寧に説明すると、興味を持って買ってくれる。

扱う商品は、個人の作家や小さな会社がつくるものが多い。展覧会やイベントで見て気に入った作家に声をかける。

また、オリジナル商品にも力を入れる。ジェロームさんは手紙を書くことが好き

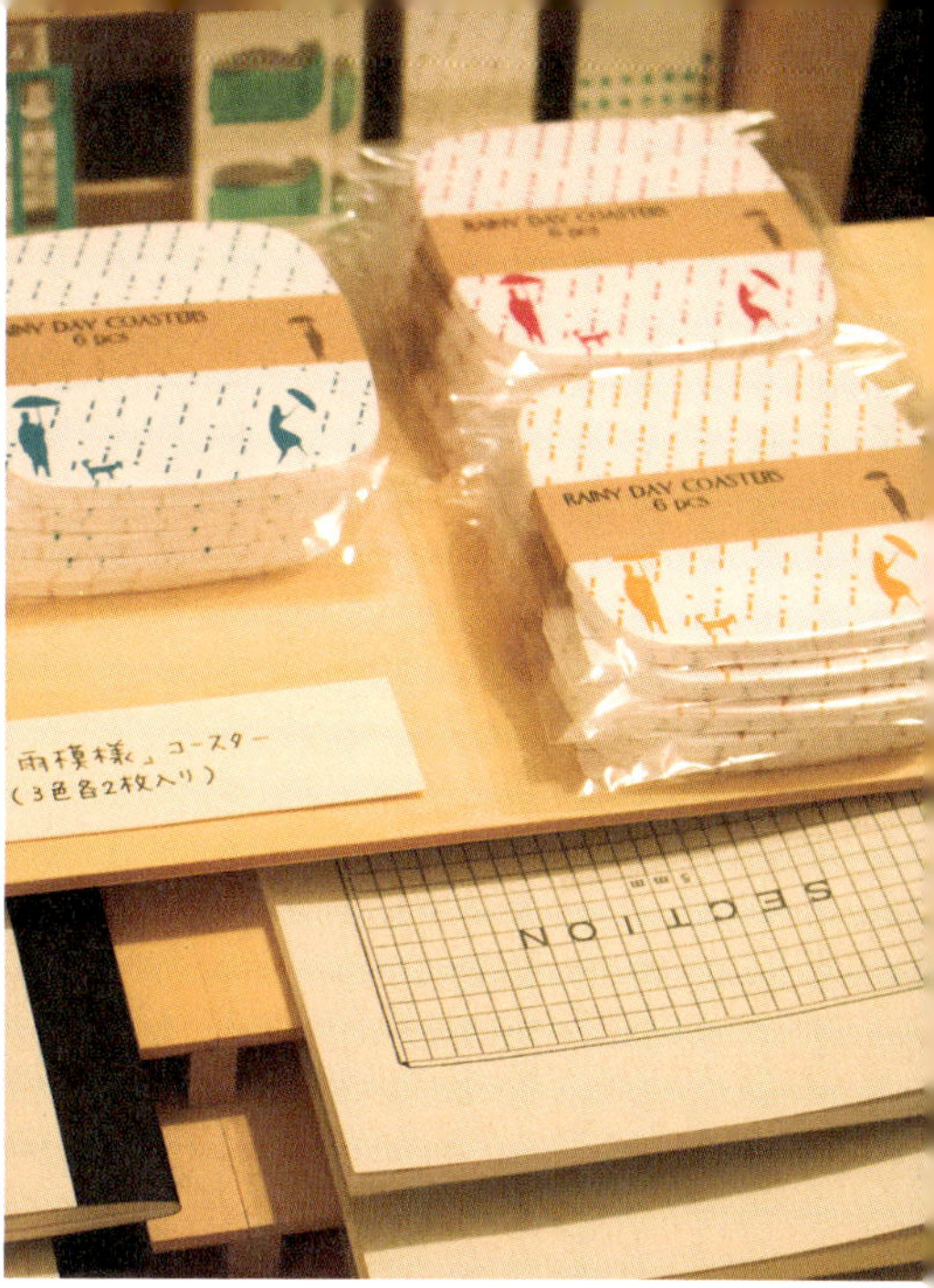

で、ハガキやカードを自分でデザインし、和紙に印刷している。人気なのは、モールス信号をモチーフにした越前和紙の手刷りハガキ。「雨模様」シリーズとして同じ絵柄でコースターもつくる。明子さんは「日本人にはないセンスが入っているのかもしれませんね」と云う。

　また、ジェロームさんがこの辺で撮った猫の写真を使ったカードも人気で、猫好きのお客さんと盛り上がることも。今後はオリジナル商品を増やしつつ、この町に根付くような活動をしていきたいと2人は語る。

　ちなみに、この家には以前、万年筆のペン先をつくる職人が住んでいた。そんなところも手紙好きの彼らにふさわしいではないか。

コラム

店を継ぐということ

本書で取り上げたお店は、そのほとんどが創業者イコール店主である。しかし、谷根千には2代目、3代目とバトンを受け継いできた店が多い。

よみせ通りにあるリカーズのだやは、日本酒、ワインの品揃えが豊富なことで知られている。日本酒は30ほどの蔵元で生産された約150種を扱う。ワインは400種ほどで、日本産ワインに力を入れている。そのセレクトは地元の飲食店にも信頼されており、〈ビアパブイシイ〉（32ページ）のクラフトビールにも貢献している。

「前はカップ酒も置くような普通の酒屋でしたが、私が店をやるようになってからガラッと変えました。自分が美味しいと思って飲んでいるお酒を扱いたいと思ったんです」と云うのは、3代目の佐《さ》藤幸平《とうこうへい》さん（78年生）。店の奥の自宅で生まれ、現在も近所に住む。生粋の千駄木っ子だ。

1935年（昭和10）頃に、味噌・醤油の小売店〈野田屋〉としてこの場所で祖父が創業。父の代

の1972年から酒販店となった。

幸平さんは高校の頃から店番を手伝っており、お客さんと話すのが好きだったという。兄がまったくの下戸ということもあり、この店は自分が継ぐのかなと思っていた。大学卒業後、半年間酒の問屋で働き、2001年から店に立つ。

扱う酒を一変させることには、それまでの付き合いを大事にしたいという父からの反対があったが、幸平さんが説得した。月に1回、近所の場所を借りて「酒の会」を開催。料理持ち寄りで、お勧めの酒を味わうことができる機会である。飲食店が会場になるときには、蔵元の人をゲストに招き、話を聴きながら酒と料理を楽しむ。いまでは両親も、幸平さんの活動を応援してくれる。

10年前に結婚し、2人の男の子を持つ父親になった。子どもが出来てから、仕事の足場を固めなければと責任感も高まった。妻の智子《ともこ》さんと話し合って、2014年3月からしばらく休んでいた酒の会を復活させることにした。酒屋は地元に密着した商売であるとともに、情報発信の場でありたいと考えている。

谷根千ではほかにも、母親が喫茶店を営んでいた場所でおにぎり屋を始めた〈利さく〉(96ページ)、〈根津のたい焼き〉先代の長男が谷中にオープンしたたいやき〈たいち〉など、興味深い代替わりの例が見られる。

変化を恐れずに、守るべきところは守る。これもまた、ひとつのお店の在り方なのだ。

リカーズのだや
住所：文京区千駄木3-45-8
電話：03-3821-2664
営業時間：10:00~20:00　定休日：水
http://www.e-nodaya.com/

千駄木駅から①

東京メトロ千代田線
言問通り
ヒマラヤ杉
三崎坂
大名時計博物館
あかじ坂
ひるねこBOOKS
澤の屋旅館
丁子屋染物店
classico
藍染大通り
至 根津駅
海上海
Bonjour mojo²
古書バンゴブックス
F9
ツバメハウス(P72)
ツバメブックス(P72)
古道具Négla(P58)
Coffee &Bindery Gigi(P62)
往来堂書店(P81)
不忍通り
Cafe Gallery 幻(P68)
198 Queen st. Kingston
平澤剛生花店(P64)
(ベーカリーミウラ内)
根津神社

千駄木駅から地上に出ると、正面にあるのが三崎坂。全生庵、大円寺など有名な寺があります。不忍通りに並行して走る「へび道」は藍染川の暗渠で、文京区と台東区の境にもなっています。周囲の細い道や路地を歩いていると、意外なお店が見つかるので、ウロウロするのに最適です。

books&café BOUSINGOT

ブックス&カフェ・ブーザンゴ

本好きが通いたくなる文学の香りのするカフェ

不忍《しのばず》通りに陽が落ちる頃、小便小僧の看板が表に出る。ガラスに書かれたフランス語、ハート形のミルクが浮かぶコーヒー、本棚に並ぶ海外文学の本……。15席ほどの小さな店だが、パリのカフェってこんな感じかなと思わせる。

　店主の羽毛田顕吾《はけたけんご》さん（77年生）も痩せていて顎ひげを生やし、「ギャルソン」っぽい風貌だが、意外にも飲食業には無縁だったという。

「大学の仏文科に在籍中に、駿河台の古書店〈草古堂〉でアルバイトしました。大学院を出たあと、出版社などに勤めましたが、自分はひとりで働くほうが向いていると感じ、古本屋をやってみようと考えました」

　フランス旅行中に通ったパリのカフェや、東京の書店に併設されたカフェを見て、従来の古本屋に行かない人の中にも本好きはいるのではと思

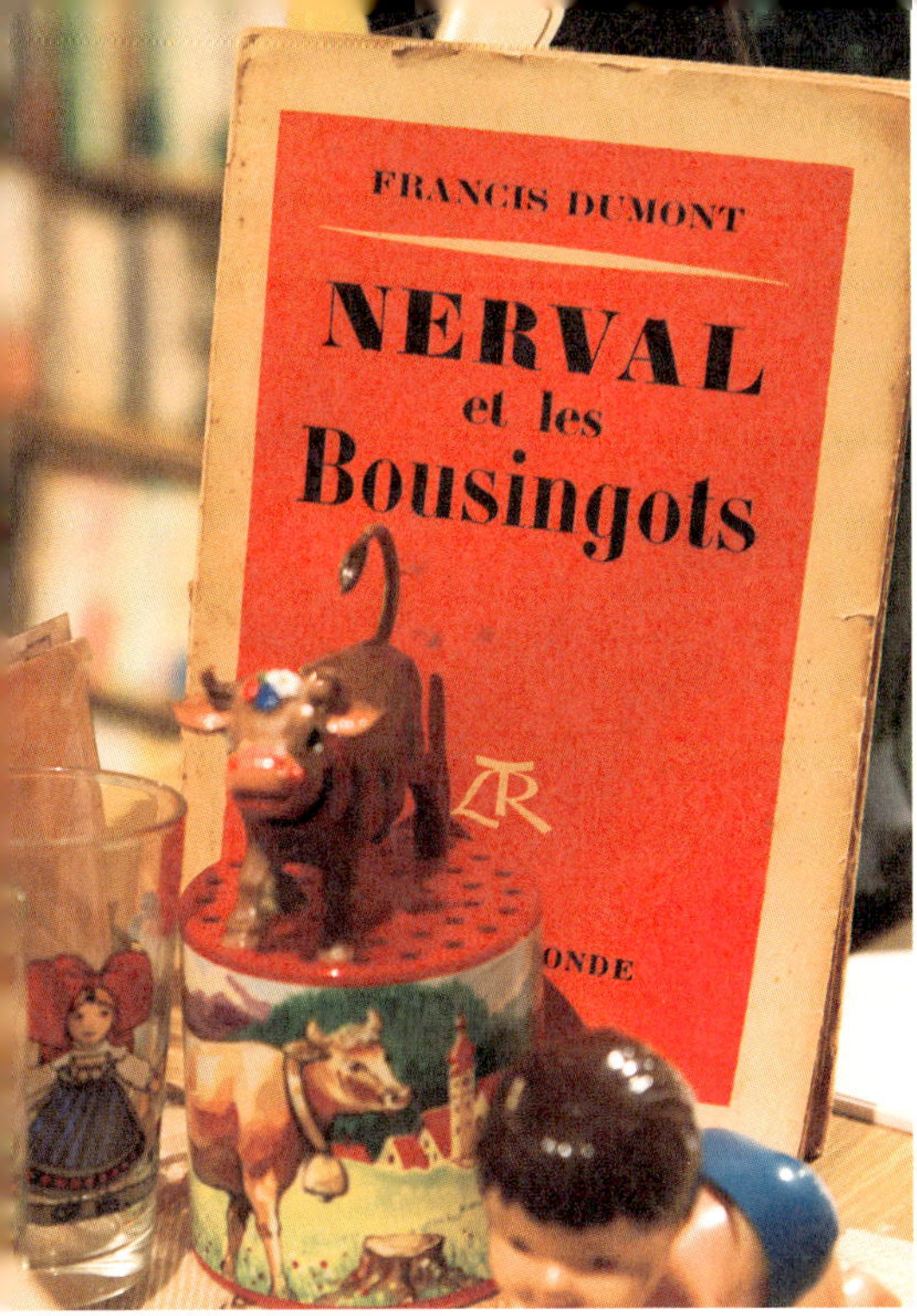

い、古本と喫茶の「ブックカフェ」という形態に決めた。店名のブーザンゴは、1830年代フランスの革命的な若者の集団から付けた。

実家が松戸で、千代田線沿線の千駄木や根津に遊びに来ていたことから、この辺りで物件を探し、喫茶店だったいまの場所を借りた。ボロボロだった店内を自分でも塗装するなどして整え、これまで集めてきた本を並べた。

最初は値付けが間に合わず、棚がスカスカだったという。現在では海外文学以外の本も増え、1800冊ほどが並んでいる。

週末には、町を歩く人が多く立ち寄る。遅い時間にやって来て、羽毛田さんと話し込む客もいる。「お客さんから、いつも耳学問をさせてもらっています」。

店を閉めてからも、遅くまで本の手入れをする。好きな本を読んだり、ウクレレを弾いたりしていると明け方になってしまい、翌日のオープンが遅くなってしまうことも。

マイペースで続けてきた店も12年目。その間に2人の娘も生まれ、この町にもすっかり馴染んだ。最近では文鳥も家族に加わった。今日もカウンターで、さえずっている。

住所：文京区千駄木2-33-2
電話：03-3823-5501
営業時間：夕方~23:00
定休日：火［祝日の場合は翌水休］
http://www.bousingot.com/

古道具
Negla

古道具Négla《ふるどうぐネグラ》

普段着の町で続ける 古いモノであふれる店

和箪笥、ランプ、陶器、トランク、セルロイド筆入れ、ガラス瓶、人形……。不忍通りから入った道沿いにひっそりとあるネグラの店内は、時代を経て古色をおびた骨董から私が子どもの頃に使っていたような文房具まで、さまざまなモノであふれている。

「もっとたくさん置きたいんです。お客さんには、ごちゃごちゃとした中から好きなものを見つけてほしいと思います」と、店主のカジノリコさん（78年生）は云う。

雑多なものが置かれているのだが、カジさんの目で選び並べているので、統一感がある。古いものが汚く見えないように、仕入れたものは店に出す前に丁寧に手入れする。

量産品に興味があったというカジさんは、武蔵野美術短大プラスティック科を卒業後、ウェブコンテンツの制作を仕事にする。その一方で、大学近くの古道具屋〈ニコニコ堂〉に通うようになり、店主

の長嶋康郎《ながしまやすを》氏（作家・長嶋有の父）から古道具の手ほどきを受ける。そして、ウェブの仕事をしながら、その店や長嶋氏が開いた喫茶店で働いた。

「長《ちょう》さんには道具のことだけでなく、人生のさまざまなことを教わりました。ほかの古道具屋さんやお客さんも面白い人ばかりで、それまで付き合った人たちにはない空気を感じました」

　仕事で出会った帽子工房の〈C.A.G.〉さんから、隣が空いたと教えられ、「助走なく高跳びするように」古道具屋を開くことを決めた。カジさんのご主人が付けたという店名は、「私がよく寝るから」だとか。売れない道具の寝ぐらという意味も込めた。内装は古材やタイルを自分で調達し、知り合いに頼んだ。

　オープン当初は客も少なく、赤字が続いたが、1年ほど経って安定してきた。客層は男女半々で、20～40代が中心。お客さんから買い取るほかに、古道具の市場で仕入れる。

「最初は符牒も判らず、セリの声も出ませんでしたが、だんだん慣れてきて、これはすぐには売れないけど買っておこうなどと考える余裕が出てきました。仕入れで物欲が満たされるので、個人的に欲しいものは少なくなりました。その意味では、趣味と実益が一致していますね（笑）」

　谷根千は中央線の沿線に比べて、「より普段着の町」だとカジさんは云う。3年前から住まいも近くに移した。知り合いが増え、毎日のように店を覗いてくれる人もいる。

　店だけで完結してしまわないようにと、外でのイベントも行なう。

　過去には、ご近所の〈檸檬の実〉（100ページ）で「フクメン古道具市」、湯島・天神下にあるバー〈道〉で「古道具ナイト」をそれぞれ開催していた（現在は終了）。

　最近、力を入れているのは、昭和戦後期に量産された、水

玉模様の茶わんや、土産屋で売っていた人形、製菓会社のノベルティグッズなど。レトロで身近な感じのするものが多い。私はここでマッチ箱を入れて壁に掛けておくケースを買った。

集めるジャンルがはっきりしているコレクターに支えられてきた古道具業界も、これから新しい客層をどう開拓していくかが問題だ。そんななかで、「うちはビギナー向けの店でいい。古道具に縁のない人が来ても、古いものの面白さを感じてくれる店でありたいと思います」と、カジさんは語る。

好きで始めたこの仕事だが、8年経ってますます面白くなっている。

「好きな言葉は『続く』です。ひとつのことを続けるのが好きだし、前の時代のものを受け継いでいくのが、古道具屋だと思うんです。この仕事を一生続けていきたいです」

２０１７年現在、娘さんの出産を機に店舗営業はお休み中。「いまはイベントへの出店が中心ですが、開店する日を少しでも設けていけたらと思っています」。その日を楽しみに待ちたい。

住所：文京区千駄木2-39-5
富士マンション102
電話：050-3417-3766
［店舗は休業中］
http://www.negla.net/

Coffee&Bindery Gigi

コーヒーアンドバインダリ　ジジ

コーヒーと製本のふたつが自然に溶けあうコミュニティ

車の多い不忍通りから細い道に入るだけで静かな住宅街になるのが、谷根千というエリアの特徴だが、そんな通りのひとつに〈Gigi〉はある。

看板に「Coffee&Bindery」とある。不思議な組み合わせに思えるが、「コーヒーと紙は相性がいいんです」と店主のサワムラユウスケさん（86年生）は云う。東京藝術大学のデザイン科を卒業後、同大で非常勤講師を務めつつ、この店を営む。

1階はカウンター。2階はテーブル席で、その奥に断裁機や製本機があり1ドリンク付き1000円で使える。ZINEやノートをつくるなど、お客さんの目的はさまざま。「昼食も夕食もここで食べて、半日作業していく方もいますよ」。

大学時代から飲食でアルバイトし、店を持つことへの興味があった。「喫茶スペースと、製本機のような大学にしかない設備のある店をつくりたい」と考える。藝大の近くにあることから谷根千で物件を探し、いまの建物を見つけた。できるところは、自分たちの手作業でリノベーションしている。手をかけた分、居心地のいい空間になった。クラウドファンディングで資金を集め、製本機を購入した。

カウンターの横には、大きなコーヒー焙煎機がある。韓国のメーカーのものを取り寄せたそうだ。豆も、お客さんの希望を聞いて選んでいる。食事も、パスタ、生姜焼き定食など種類が多い。評判がいいのは、ミートパイ。来ると必ず注文するお客さんも多いという。

オープンから2年が経ち、自身も近所に引っ越した。「お客さんから昔のこの辺りの話を聞くと、土地のルーツのようなものを感じますね」とサワムラさんは楽しそう。

この店のメニューは、製本機で綴じたノートだ。1冊ごとに「私のコーヒー話」「おすすめスポット」などテーマがあり、自由に書き込める。たしかに、ここは「紙とコーヒー」をめぐるコミュニティなのだ。

住所：文京区千駄木2-44-17
電話：03-5834-8926
営業時間：11:00~23:00
（日11:00~19:00、水19:00~23:00）
定休日：月・火・水
http://gigi.graphics/

198 Queen st. Kingston 平澤剛生花店《ひらさわつよしせいかてん》

もっといろんな花を見せたい！「花屋っぽくない花屋」の挑戦

千駄木のカフェの店内にさりげなく飾られている花。落ち着いて照明に映える色が、センス良く組み合わされている。その花を配達していたのが平澤剛さん（83年生）だった。

２０１２年11月、平澤さんが不忍通りからへび道に抜ける住宅街に198 Queen st. Kingston 平澤剛生花店をオープンした。花屋っぽくない外観なのは、普通の花屋に多くある原色の花が並んでいないからだろうか。

店内には50種以上の花や植物が並ぶ。テナチュールというくすんだ色のバラ、ラナンキュラスという黒い球根植物などは、はじめて見た。

かつて平澤さんは、アルバイトで貯めた金とワーキングホリデービザを持って、カナダに渡り、飲食店などで働いた。昔の首都で古い建物と坂の多いキングストンで、住む家に困っていたときに地元の人が同居させてくれた家の住所が「１９８～」だった。

帰国後、実家の花屋のつてで、谷中の花屋に勤める。「谷中霊園を歩きながら、こ

の町に住みたいと思いました」と平澤さんは云う。キングストンの町ともイメージが重なった。

花のことを知りたいと思うようになる一方で、菊や仏花が中心のマニュアル化された花屋になりたくない気持ちもあった。2008年にその店を辞めて、花の市場で働きながら無店舗の花屋になった。

「市場にはすごい種類の花が集まってくるので、勉強になりました。そして、もっといろんな花があることを知らせたいと思うようになった」

2010年5月から月1回、土日に〈C.A.G.〉の店の前で、青空花屋「C.A.GREEN」を開催。多くの人が来てくれ、毎回完売する盛況ぶりだった。そのイベントのときに近所で見つけた

COOK
角食パン
1斤
カリーミクラ

物件を、店舗としてオープン。倉庫のような建物ですき間風が入るので、トラックのホロで防ぐなど、お金をかけずにつくった。

店での売上と、ブログを見てのオーダーは、だいたい半々。アレンジメントのオーダーを受けると、イメージに合う色の花を探し、パズルのように組み合わせていく。葉っぱで輪にしてみたり、ワイヤーを通したりと、さまざまな工夫を試みる。

「植物によっては、真っ直ぐに生けるよりも、曲げたりしてストレスをかける方が保ちがよかったりするんです。たくさんの花に触って、そういうことが判ってきた」

そして2017年9月、平澤剛生花店は根津神社や日医大病院に近い通りに移転した。今度は〈ベーカリーミウラ〉に間借りするかたちになる。

「〈C.A.G.〉前に出店したときに平澤くんに出会いました。それで、千駄木に店を移すときに彼に声をかけたんです」と、ベーカリーミウラ店主の飛田憲彦さん（76年生）は云う。平澤さんもそれを聞いて、「面白い！」と賛同した。できるところは自分たちで手を動かし、3カ月で店を完成させた。

オープンしたばかりの店舗は、パンと花それぞれが入り交じり、不思議に愉しい空間になった。カウンターではコーヒーやビールも飲める。

「この場所を活用して、どんどん新しいことをやっていきたいですね」と、平澤さんは勢いよく語った。

住所：文京区千駄木2-2-15
原野ビル1F
ベーカリーミウラ内
電話：03-5834-8972
営業時間：8:00~18:00
定休日：月・火（花屋）
月・火・水（パン屋）
http://www.198qstk.com/

Cafe Gallery 幻

カフェギャラリーまぼろし

若き表現者たちの集まるサロンのような「文化系喫茶店」

カフェギャラリー幻は、不忍通りに面した狭い道を入り、さらに狭い抜け道にある。裏通りの店が多い谷根千でも、最も見つけにくい店だろう。

木造一軒家の戸を開けると、店内は赤と黒で塗られている。ロココ調のテーブルや椅子、「おばけアイス」などの変わったメニュー、耽美的なイラスト……。なんだか妖しい雰囲気に包まれている。

「ギャラリーを借りられない若い作家のための表現の場をつくりたくて、この店を始めました」と、ゴスロリファッションに身を包んだ代表の小《こば》林《やし》義和《よしかず》さん（78年生）と店長の艶子《つやこ》さん（86年生）の夫妻は云う。義和さんはイラスト、艶子さんは写真と、自身も若き表現者のひとりだ。

結婚を機にアトリエ兼住居を探して、この家を見つけた。美術や文化に理解がある地域で、小林さんの偏愛する江戸川乱歩のゆかりの地であることも決め手になった。

「この町に住みながら長く店を続けたい」と考え、家族に借りた資金でその家を購入。おかげで1階を大胆にリフォームすることができた。

月に1、2回。セルフポートレート、ハロウィン、幽霊などのテーマで企画展を開催。テーマにあわせて艶子さんが考えたデザートを、限定メニューとして出す。

「店内の和洋折衷の雰囲気や変わった展示を気に入って通ってくれる方も多く、センスの近い人たちが集まるサロンになっています」

関わりのある作家のアクセサリーやポストカード、同人誌など販売物も増えている。文化系のモノやヒトに出会える場所という意味から、「文化系喫茶店」と定義している。

「店というよりは、私たちの家に遊びに来てくださいという感覚ですね」と艶子さんは云う。店に集まる人たちと一緒に同人誌を発行するなど、やりたいことは多い。

30年後にもこの幻のような店があり、2階に彼らが住んでいる様子を想像すると、ちょっと楽しくなる。

住所：文京区千駄木2-39-11
電話：050-3692-2853
営業時間：15:00~22:00
定休日：不定休
http://cafegallerymaboroshi.com/

紙と布《かみとぬの》

2つの素材から生まれた多様なデザインに出会える店

2013年8月、三崎坂を上り切ったところに、紙と布という店がオープンした。本書で紹介するなかでは、最も新しいお店だ。

奥に長い店内に入ると、右の棚には布でつくられた商品が並び、左には紙が材料となった商品が並んでいる。店名と同じく、シンプルで判りやすい構成だ。

布製品は和紙の布、和装の手ぬぐい、半纏の文様のハンカチ、布バッグ、フィンランドのキッチンタオルなど。紙製品はノート、ラッピングペーパー、封筒、ぽち袋などを扱う。いまのところ置いている点数は少ないが、いいものをきちんと選んだ感じが伝わってくる。

「ネットや雑貨屋などで見つけて、いいなと思ったものを仕入れています。admi（アドゥミ）がインドの職人とつくったオリジナル布のハンカチや風呂敷のように、和洋にこだわらず紙と布の商品を扱っています」と、店主の太《だ》宰幸彦《ざいゆきひこ》さん（51年生）は云う。

30年以上のキャリアのあるデザイナーだが、今後の生きかたを考えた末に、店をやろうと決意。仕事柄、紙が好きであり、妻は布が好きであることから、その2つに絞った店にした。

年齢層が幅広い町でやりたいと谷中で物件を探し、ここに決めた。内装を終え、オープンしたのは盆休みの頃。

紙も布も、誰もが知っているものなので、店に入ってくる客は多い。9割が女性だという。ひとつひとつを時間をかけて丁寧に見て、買ってくれるお客さんもいる。

「素人のままで始めて、ろくに宣伝もしなかったのに、よく来てくださるなと思います」と、太宰さんは笑う。

店を始めて、いろんな人たちと知り合いになれた。根津にあったカフェバー〈猫八〉に誘われて、同店のイベントに参加したのも、そのおかげだ。

今後は、作家と組んで紙や布でオリジナルの商品をつくったり、店内での展示やフェアもやっていきたいと、太宰さんは意気盛んだ。

「今後は若い人たちの力を借りて、この店でいろんな試みをやっていきたいです」

住所：台東区谷中6-3-10
電話：03-5832-9671
営業時間：11:00~18:00
定休日：水
http://kamitonuno.com/

紙と布
PAPER & CLOTH

紙のイス
トリノス
TORINOSU
PAPER GLASSES

Biscuit
ビスケット

古い町で「かわいい」を売る 谷根千をつなぐ3つの店

三崎坂《さんさきざか》に面したビスケットの店内には、ぬいぐるみやおもちゃ、ボタンやカットクロスなどの手芸用品、食器、カードなど、女性が「かわいい！」と飛びつきそうなものであふれている。それらはどれも、ほどよく時を経て、シックな雰囲気をまとっている。

「ここにあるのは、ヨーロッパで見つけてきたヴィンテージの品物です。年に2、3回、イギリス、ドイツ、ハンガリー、フランスなどに買い付けに行きます。マーケットを見たあと、古い街並みを探検するのが楽しいんです」と云うのは、店主のたけわきまさみさん。

高校の頃から雑貨屋めぐりが好きで、昔のパッケージや服の生地のデザインに興味があった。その頃からいいものを見つけると買い占めたくな

［上］ツバメブックス、［下］ツバメハウス

る性格だったという。美大卒業後、製菓会社に入りパッケージデザインを手がける。その後アメリカで1年働き、帰国後、イラストレーションの仕事を始めた。

　1999年から2007年までイギリスに住み、毎週開催される蚤の市を回ってさまざまなものを仕入れ、日本に送った。2001年にそれらを扱う店を、乃木坂にオープンした。イギリスっぽくて覚えやすい名前として、ビスケットに決める。

　帰国して数年後、もっと古い町に店を移したいと考えていた頃、当時谷中でカフェを営んでいたイラストレーターの楠《くすのき》 伸生《のぶお》さんの案内でいまの物件に出会う。ドイツに買い付けに出かける前日のことだった。

　2009年12月にオープンしてからは、乃木坂以来の客に加え、通りすがりに入ってくる人も多く、ここに店を出してよかったと感じた。住まいもこの辺に移したので、近所の友達も増えた。

　翌年には楠さんと共同経営となり、6月にビスケット根津店、2011年3月にツバメハウスをオープン。根津店はのちにツバメブックスと改称、楠さんが店主となる。その3店を6人のスタッフで動かしている。

　ツバメハウスが服、ツバメブックスが本を扱うことで、特色を出している。3店を回ってくれるお客さんも多い。

「買い付けの際は、流行に惑わされずに、自分がいいと思ったものを買います。迷ったときは買わないよう心がけています」

　今後も一点もののヴィンテージをメインにしつつ、2人がデザインしたポストカードやラッピングペーパーなど、「ビスケット」印のオリジナル商品を発信していきたいと、たけわきさんのやりたいことはまだまだ増殖中だ。

ビスケット
住所：台東区谷中2-9-14
電話：03-3823-5850
営業時間：11:00~18:00
定休日：なし
http://www.biscuit.co.jp/

ツバメハウス
住所：台東区谷中2-15-13-2F
電話：03-3822-7480
営業時間：11:00~19:00
定休日：なし

ツバメブックス
住所：文京区根津1-21-6
電話：080-3307-1958
営業時間：12:00~18:00
定休日：火・水［不定休あり］

Tokyobike Rentals Yanaka

トーキョーバイク・レンタルズ　ヤナカ

歴史ある空間のなかに並ぶ「東京の生活を楽しむ」自転車

2013年9月、三崎坂を上がったところにある大きな木造2階建て一軒家に、トーキョーバイク・ギャラリー谷中が移転した。

ここは江戸時代の1703年に酒の小売店〈伊勢五〉が創業し、その後300年近く営業した場所。建物自体も昭和初期の建築で、谷中の住人に親しまれてきた。伊勢五本店は、2006年に千駄木に移転している。

その由緒ある建物の内部に自転車を並べると、外からの印象はすっかり変わった。それでいて、中に入ると、酒屋の看板や時計を残すなど、この場所の歴史への敬意が感じられる。

「300年続いた場所なので、町の人の共有財産でもあります。この店が出来てから、懐

かしそうに中に入ってくる近所の人が多いです」と云うのは、オーナーの金井一郎さん（62年生）。この近辺では「キンちゃん」の愛称で通っている。

金井さんはオートバイメーカーやパーツの輸入商社を経て独立し、インターネットで自転車のパーツを販売したり、広告やホームページの制作を行なった。しかし、仕事はうまく回らず、危機に陥った。

そんなとき、サイトのアドレス名として「tokyobike」を思いつき、こういう自転車があったらいいなあと夢想した。最後にやってみようと、自転車づくりに着手。台湾の自転車ショーでパーツやフレームを選び、現地の工場に組み立てを依頼した。

めざしたのは、「東京の生

［右から］金井さんとスタッフのみなさん

活を楽しむ自転車」。坂や信号が多い都心で使うことを考えて、できるだけシンプルな構造で、一生懸命こがなくても気持ちよく加速できる自転車。買いやすい価格で、女性も乗りやすいものにする。それまでのスポーツバイクにはない発想だった。

「ひとつのモデルで、いくつかの色が選べるようにしました。色の感じも原色を使わず、町に溶け込むような色にしたかったんです」

半年かかって最初のモデルが完成し、2002年に発売する。サイトとスポーツショップの〈オッシュマンズ〉で販売し、のちに〈東急ハンズ〉でも置かれた。2004年、谷中を車で通りがかったときに、「この町には何かがあると匂って」、住むことを決める。すると、同じマンションの1階が空いており、そこをショールーム兼事務所として借りる。自転車で町を楽しんでもらおうとレンタサイクルも開始した。

芸工展にあわせて、デザインのいい自転車を展示し、「自転車ツーキニスト」の疋田智さんのトークも行なった。周囲の店の人たちとのつながりが深くなり、一緒に飲みに行く機会も増えた。

2009年7月、同じ場所を販売・修理を行なう直営店

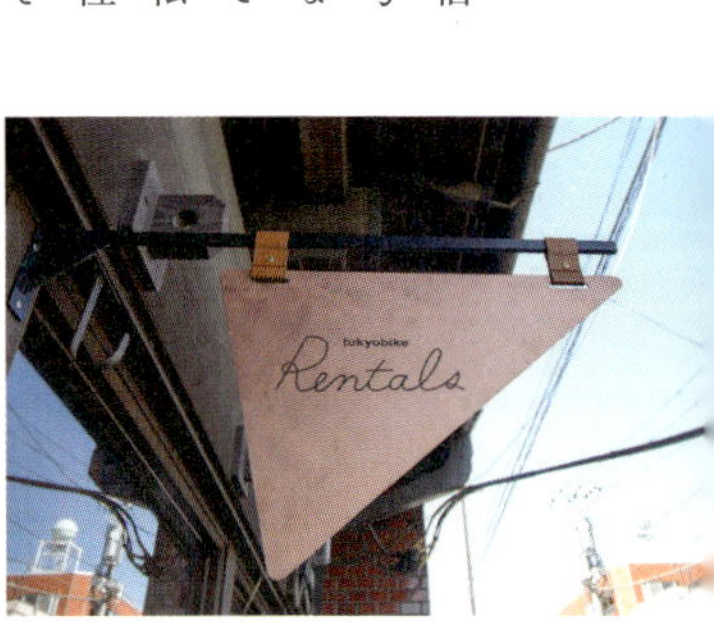

とする。直営店はその後、高円寺、ロンドン、ベルリン、シンガポール、メルボルン、シドニー、バンコクと増えている。

谷中のシンボルとして親しまれてきた酒店が自転車店に変わり、新たなシンボルになろうとしている。

金井さんの好きな言葉は「風まかせ」。自分の直感や感じた匂いに従って生きてきた。トーキョーバイクが向かう風の先に谷中の町があったことが、私には小さな奇跡に思えるのだ。

そして、2017年4月、この場所はTokyobike Rentals Yanakaとなった。自転車販売部門を他に移し、自転車のレンタルとカフェ、雑貨の販売が主となった。

「自転車で町に出かける前にコーヒーを飲み、帰ってからはビールを飲みながらお土産を選んでもらえたらと思ったんです。ここは自転車より体験を売る場所にしていきたい」と金井さんは云う。

利用者の半分は海外からの旅行者。この日もシドニーから来たカップルが、出発前のコーヒーを楽しんでいた。

最近、金井さんの好きな言葉に加わったのが「旅人は住む人のように、住む人は旅人のように」。その精神をかたちにしたのが、ここなのだ。

住所：台東区谷中4-2-39
電話：03-5809-0980
営業時間：10:00~19:30
定休日：水
https://tokyobikerentals.com/jp/home

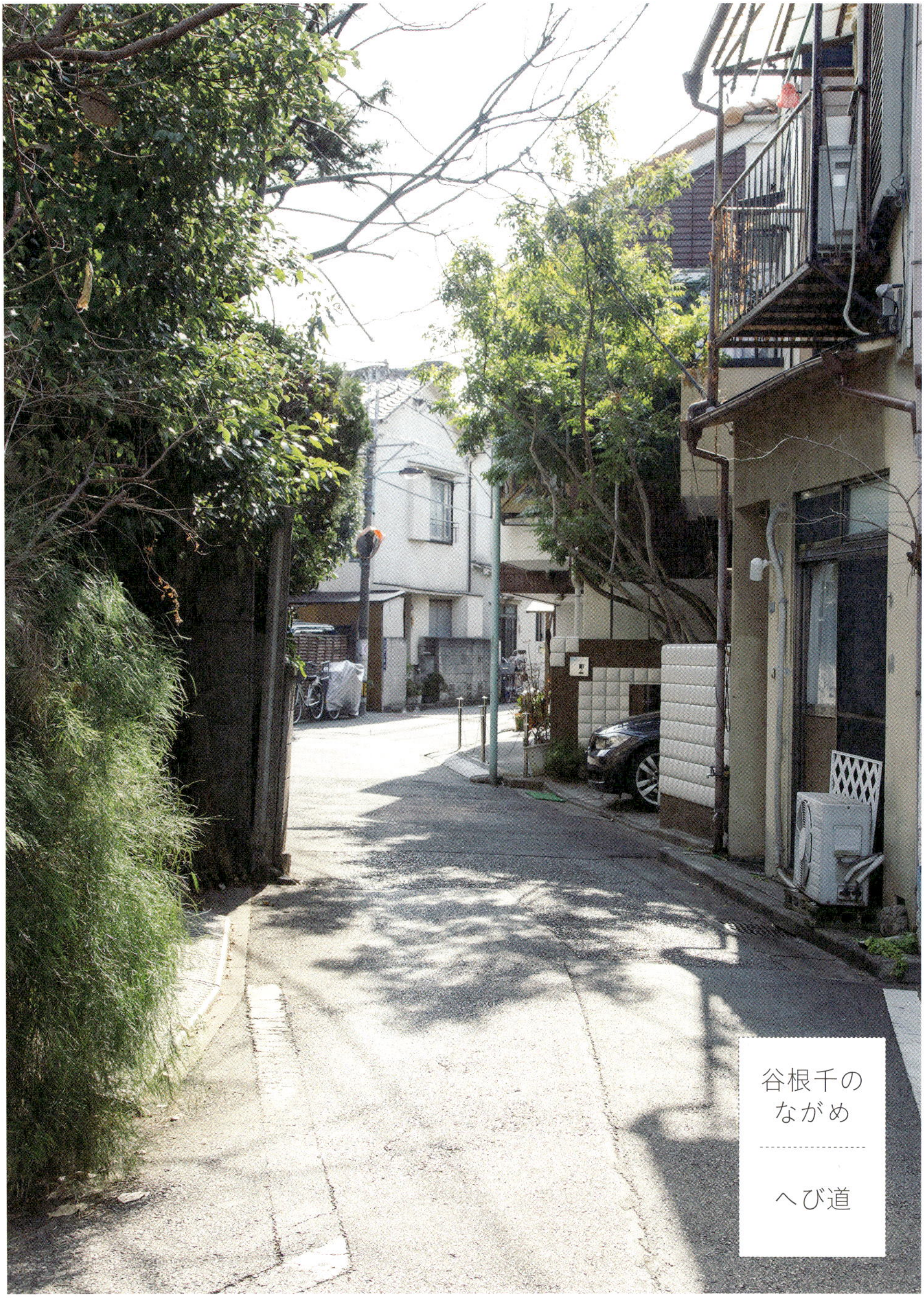

谷根千の
ながめ

へび道

往来堂書店《おうらいどうしょてん》

通えば通うほど良さが判る
地元の本好きに欠かせない本屋

谷根千に住む理由を訊かれて、「往来堂があるから」と答える本好きは多い。私もそのひとりで、1996年のオープン時から通い、この本屋とともに歳を重ねてきたという気がする。

　千駄木駅と根津駅のほぼ中間、不忍通りに面した往来堂書店は、都心の大型店とは比較にならない20坪ほどの小さな店だが、行くたびに何かしら面白い本が見つかる。

　初代店長の安藤哲也さんは、「文脈棚」というコンセプトで、ジャンルや判型にこだわらない、自由な並べかたで棚に活気を持たせた。

「ぼくがこの店に来たとき、小さな店なのに何冊もまとめ買いするお客さんが多いのに驚きました。この地域のことが好きで、雑誌『谷根千』や森まゆみさんの本がよく売れる」と、2000年6月から2代目店長を務める笈入建志さん（70年生）は云う。

　笈入さんは大学卒業後、〈旭屋書店〉に入社。東武百貨店のなかにある池袋店で、人文、文芸などを担当した。先輩からは「自分の目で選んだ本を並べるのが本屋の仕事だ」と教えられる。

　往来堂に来て、大型書店との違いに最初はとまどった。大型店では基本的に「す

住所：文京区千駄木2-47-11
電話：03-5685-0807
営業時間：月～土 10:00~22:00
日・祝 11:00~21:00
定休日：無休
http://www.ohraido.com/

べての本を置く」スタンスだが、在庫数の少ない往来堂では、客のほうも目的の本を探しに来るのではなく、何かないかなと立ち寄る。だから、何を基準に本を選び、どう並べるかがポイントとなる。

毎日のように取次の集まる神保町に出向き、独立書店で結成する「ネット21」で情報を収集する。著者や出版社の人と会うことも、棚づくりに反映される。

「うちのお客さんには、店の人と会話をしながら面白い本に出会いたいというニーズがあるようです。これからはもっと積極的に、次に読む本をお勧めしたり、読書の相談を受けたりできる場所にしていきたいと考えています」

手書きのフリーペーパー「往来っ子新聞」やメールマガジン「往来堂もんが通信」の発行、地元に住む本好きや出版関係者が選ぶ文庫本フェア「D坂文庫」など、新刊・既刊にかかわらず、いろんなかたちで本に出会うチャンスを用意している。

スタッフは笈入さんを含め十数人。「棚やフェアなどに関して、やりたいことがあれば、どんどんやってもらっています。ぼくだけでは生まれないアイデアが集まりますから」と、笈入さんは云う。

レジ前でご近所の店の雑貨や食品を販売したり、「谷根千〈記憶の蔵〉」（114ページ）などを会場に、作家やエッセイストのトークイベントも開催する。

今年になって始めたのが、カタログギフト。プレゼントしたい相手に「D坂文庫」のカタログが届き、そこから選んだ3冊とオリジナルのエコバッグもしくはTシャツのセットが贈られるというものだ。この試みにこれまでの店のお客さんとは違う人が来てくれて、本の売上にもつながったという。

最近になって「本屋にできること」は何かと考えることが多くなったという笈入さん。仕事から離れてホッとするのは、ゆっくり風呂に浸かって文庫本を読むときだ。

古今東西雑貨店 Irias

イリアス

「雑貨探偵」の目で選ぶ熱の入ったアイテムたち

　三崎坂から静かな通りに入ったところにあるイリアスに入ると、たくさんのモノが一気に目に入ってくる。アクセサリー、扇子、バッグ、ポストカード、手拭い……。時代も国も素材もさまざま。まさに「古今東西雑貨店」だ。

「パッと見て何か判らなくても、気になって手に取ってしまうモノを集めています。いまのモノも昔のモノも同じ感覚で選んでもらえる店でありたいです。国内で仕入れた商品と海外で買い付けた商品があります。それと作家さんのつくるオリジナル作品も扱っています」と云うのは店主の北川泉《きたがわいずみ》さん。「私よりもこの空間を見てほしい」ということで、写真は撮らせてもらえなかったが、活気あふれる明るい女性だ。

　西武百貨店に入社後、渋谷ロフトのオープニングスタッフとなる。何をやっても新しく、面白い仕事だったが、燃え尽きた感もあり、結婚を機に退職した。その後、フリーランスの雑貨コーディネーターとして、商品開発や百貨店のイベントに関わる。小学館の雑誌『ラピタ』の通販の仕事では、男性のマニアックさを学んだという。

　店舗の立ち上げも担当したが、オーナーの意向にあわせなければいけないというジレンマを感じ、「自分の店だったら思い切り実験ができる」と店を持つことを決意。百貨店のような大きなスペースで培ったノウハウを、小さな店で展開しようと考えた。

　オープンは２００１年10月。居心地のいい町でやりたいと、昔から訪れていた谷中に決めた。知り合いの建築関係者に内装を依頼、什器はリサイクル家具だが時代をあわせて統一感を出すなど、これまでの経験がすべて生きた。

　オリジナル作品の作家も、付き合いのある人を中心に、いいと思った人に声を掛けた。妖怪をテーマにした作品をつくる「日本物怪《もののけ》観光」の

のマスク

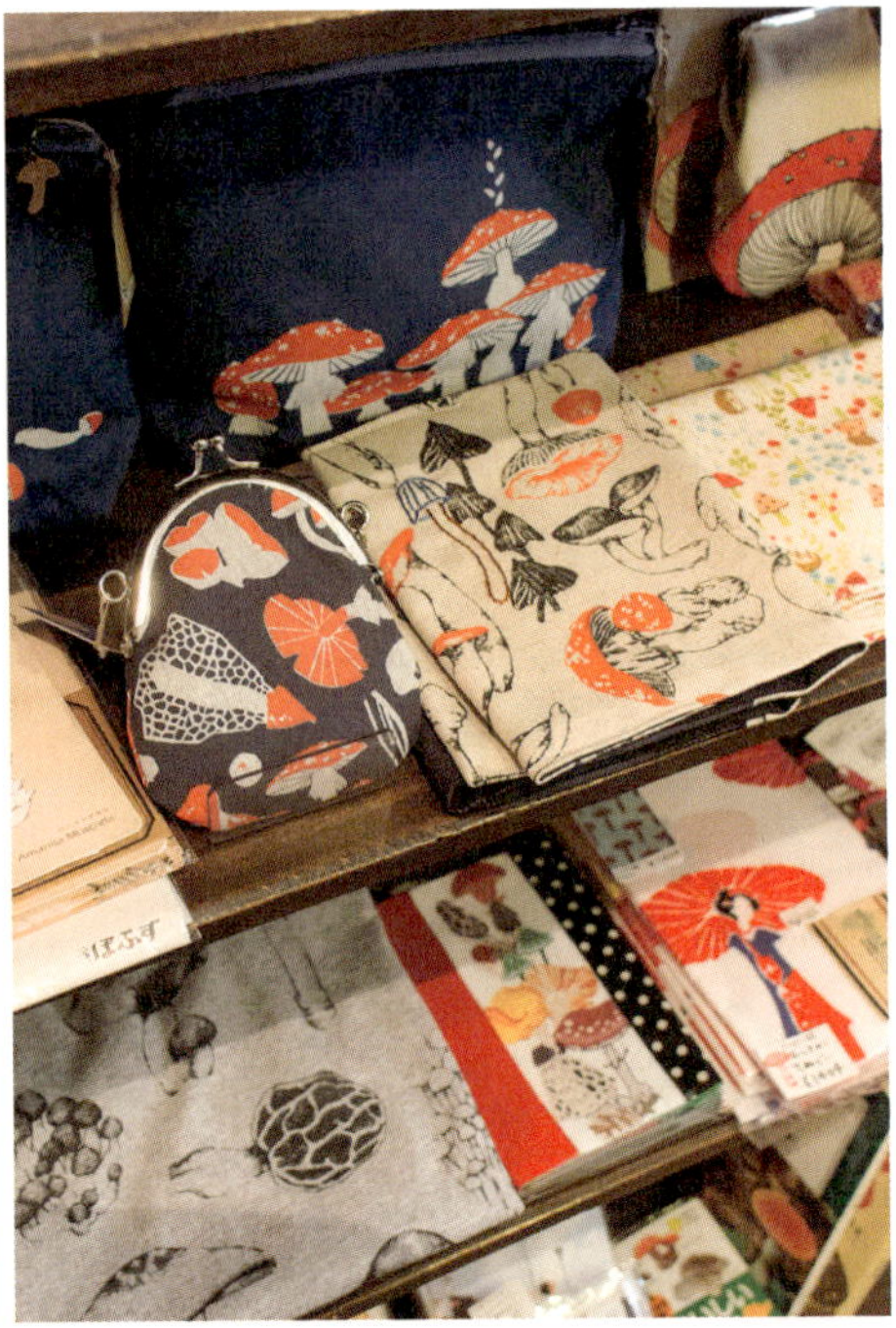

物怪
〒
POST
Not For Sale

天野《あまの》行雄《ゆきお》さんは、15年前、客として店に来たときに妖怪を語る彼の熱意が面白く、すぐにミニ個展を企画した。毎年夏に近くの全生庵《ぜんしょうあん》で行なわれる「円朝まつり」を祝し勝手に連動する名物企画になっている。

8年ほど前から力を入れているのはきのこに関する作品で、胞子が飛び散るように作家の数もアイテムもどんどん増えている。

「妖怪もきのこも好きな人が潜在的にいるのと、関わる人の掘り下げ方が凄いんです。みんな本気だから面白い」

ただ、きのこでも、これは違うと思ったモノは置かない。作家と話すときは、いいところを認めた上で、「タグをもっとシャープにしたら」などとアドバイスする。

「雑貨探偵」を自称する北川さんは、モノを探したり調べたりすることが大好きで、歩いていて面白いものを見つけると興奮する。「いいものに出会うと、『次のテーマはこれ!』と神が降臨したようになるんです」と、店を開く前からの付き合いだというスタッフの吉田《よしだ》和代《かずよ》さんは笑う。

「雑貨はナマモノだから、選ぶ人の気が入ってないとお客さんに届かない。何かあるなと匂いをかぎつけて店に入ってくれるお客さんがいると嬉しくなります」と、北川さん。

谷中の町が好きでこの店に来る人は、アーティスティックな感覚を持った人が多く、たとえばカバンの革の素材についてなど、細部にわたる話ができるのがいい。

「大学生の頃から通ってくれた男の子が結婚するので、うちの作家さんに婚約指輪をつくるように頼んでくれたときは嬉しくて、気合いが入りましたね。結婚式の演出まで勝手に考えたりして(笑)」

最近はクラフトブームでもあり、アート雑貨の個展、企画展に力を入れている。とくに「イカ・タコ」展、「ハシビロコウ」展は人気の企画になっている。

今後はどんなテーマが北川さんに降臨するのだろうか?

住所:台東区谷中2-9-12
川田ビル1F-B
電話:03-3827-2722
営業時間:11:00~19:00
定休日:水
http://irias.sub.jp/

コラム

不忍ブックストリートの13年

一箱古本市（2013年4月27日、根津教会前）

根津神社のつつじが満開になるゴールデンウィークに、谷根千の町の喫茶店、雑貨店、ギャラリー、教会などさまざまな場所の前に、1日だけの古本屋さんが出現する。店主さんは段ボール箱ひとつ分の古本を選んで、販売する。映画本ばかり集めた箱、雑誌の特集のようにテーマのある箱、ディスプレイの美しい箱……。一箱一箱に個性がある。中には意外な掘り出し物が見つかることも。

この「不忍ブックストリートの一箱古本市」は、2005年4月に第1回を開催した。翌年からは秋にも開催し、今年5月には通算で19回に達している。現在は毎回約70箱の店主さんが参加する。彼らは店の屋号を考え、看板をつくり、どんな本を並べるか頭をひねる。本が売れれば喜ぶが、お客さんや隣の店主さんと本の話ができるだけでも楽しそうだ。1日だけの「本屋さんごっこ」を満喫している。

大家さん（借りる場所をこう呼ぶ）は12〜14カ所。

あちこちに散らばっているので、散歩しているとどこかで一箱古本市にぶつかる。

　主催の不忍ブックストリートは、「本」の視点からこの地域を見なおそうと、私や〈古書ほうろう〉（92ページ）、〈往来堂書店〉（81ページ）など本に関わる仕事をしている人たちで2004年末に結成された。一箱古本市と並行して、本好きが立ち寄って楽しい店や場所を紹介する「不忍ブックストリートMAP」を毎年春に4万部発行し、無料配布している。

　一箱古本市を含む期間は、「不忍ブックストリートweek」として地域の店のフェアや展示のほか、私たち実行委員会が企画するトークイベントやライブなども開催される。

　2016年11月には、千駄木の養源寺の境内で「しのばずくんの本の縁日」を開催。出版社20社、古書店16店、それに書店、ミニコミのブースが出て、境内を本で埋め尽くした。キッチンカーも出て、トークイベントやライブも行なわれた。幸い、天気にも恵まれて大盛況となったこともあり、今年も11月に開催している。

　好きな本に関するイベントを身の丈に合うやり方で続けて、いつの間にか13年が経った。こうなったらいいなという願いを込めて「ブックストリート」と命名したが、実際に本に関わる店も増えてきた。

　私の一方的な思いかもしれないが、不忍ブックストリートは、本書で取り上げた地元の店とともに成長してきた。そんな気がしてならない。

しのばずくんの本の縁日（2016年11月3日）

千駄木駅から②

東京メトロ千代田線

団子坂は江戸川乱歩の『D坂の殺人事件』の舞台になったところで、夏目漱石『三四郎』にも登場します。坂上には森鷗外が住んだ観潮楼があり、静かなお屋敷街という印象がありますが、一本裏に入るとガラリと雰囲気が変わります。大正時代の建築の旧安田楠雄邸は週に2回、一般公開されています。

古書ほうろう《こしょほうろう》

本もイベントもコーヒーも いつも何かが見つかる古本屋

不忍通りと道灌山《どうかんやま》通りの交差点の近くに、古書ほうろうはある。店の広さは33坪。ブックオフなどの新古書店に比べると、規模の小さな店の多い古書店としては、かなり広いほうだ。

店内には文学、美術、思想、音楽など、ジャンル別に分類された棚が並ぶ。小さな出版社の新刊やミニコミ、マイナーレーベルのCDなども扱う。

右手の新入荷棚では、思わず手に取ってしまう面白い本が行くたびに見つかる。古書組合に属さず、近隣の客からの買い取りだけで、これだけいい本が並ぶことがすごい。

「この辺りには昔から、作家や出版関係者をはじめ、本好きの方が多くお住まいです。その人たちが売りに来てくださるから、こういう棚がつくれるんです」と、宮地《みやじ》健太郎《けんたろう》さん（68年生）は云う。本を売りに来た客に、次もこの店に売りたいと思ってもらえるよう、値付けの根拠をきちんと

キネマ旬報
アングラ68
TOKYO 1930'S
TAKASHI KONO designer
キネマ旬報
キネマ旬報
all 100円
Energy
¥200
このカゴの中ご自由にお取
MAP

示すようにしている。

〈古書信天翁〉の項（16ページ）で触れたが、この場所にはかつて〈古書宮橋〉という古本屋があった。健太郎さんと妻の美華子《みかこ》さん（66年生）もその頃からのメンバーで、1998年4月に古書ほうろうを始めた。店名の由来は、みんな旅が好きだったことと、愛聴する小坂忠のアルバム『ほうろう』から。「のちに店で小坂さんのライブが実現できたときは感無量でした」と、健太郎さん。

その頃は本がよく売れたのと、スタッフが多かったので、2週間店を閉めて、旅行に出かけたこともある。「ライブがあると、その準備で店を開けなかったりと、いま考えるとずいぶん暢気でしたね」と、健太郎さんは笑う。

信天翁の2人が独立し、いまの2人体制になったのは、2010年6月だった。

住所：文京区千駄木3-25-5
電話：03-3824-3388
営業時間：月〜土12:00~23:00
日・祝12:00~20:00
定休日：水
http://horo.bz/

奥を融通のきくスペースにして、これまで以上に積極的にイベントを開催。ライブ、トーク、ワークショップなど、毎月のように催しがある。定期的に行なわれている吉上恭太さんの投げ銭制ライブ「サウダージな夜」は50回以上続いており、そこから吉上さんのCDも生まれた。

　レジ横には、美華子さんが焙煎する「萬福亭《まんぷくてい》」のコーヒー豆が置かれることもある。「いずれは店内でコーヒーが飲めるようにしたい」というのが、彼女の夢だ。

　この辺りに住みはじめて、20年が経つが、住みやすい町だと感じている。「個人経営の小さな店が多いので、私たちも励みになります。どんな業種でも、店をやっている同士ということで、シンパシーを感じます」と、美華子さんは云う。

「最近、お客さんの本の買い方が変わってきたように感じています。そういう変化を見据えつつ、棚の配置を変えていくつもりです」と、健太郎さんは今後の展望を語る。

　2人になって働く日数は増えたが、この店に全力を注げることが嬉しい。店も家もいつも一緒なのが、彼らにとって当たり前のことなのだ。

おにぎりカフェ　利さく《りさく》

生まれ育った町で開いた食べ飽きない味を提供する店

千駄木駅から30秒。不忍通りに面したおにぎりカフェ・利さく。おにぎり屋さんのはずなのに、店頭のガラスケースには何も入っていない。ここでは店内・テイクアウトともに、注文を受けてから握ってくれるのだ。

おにぎりの種類は30種に加え、季節で選ぶ2～3種。シンプルな塩にぎりと玄米を定番に、鮭味噌、菜めし、煮穴子、焼きみそおこげなど様々な具材のおにぎりが選べる。おにぎり2個におかずのついたランチセットも好評だ。

群馬県産コシヒカリを羽釜で炊いたご飯に、自分でつくるだし、生産地から取り寄せた具や味噌とこだわっている。「じつは私はここで生まれたんです」と、店主の吉江《よしえ》重昭《しげあき》さん（72年生）は語る。祖父が

大正期に創業した自転車店は、重昭さんの次兄が継いで現在も隣で営業中。この場所では母が喫茶店〈アドリア〉を営んでいた。それを見て育った重昭さんは、幼い頃から自分も店をやるのだと思っていた。ただ、若い頃は地元のしがらみを煩わしく感じ、夜に寝に帰るだけの生活だった。

パン屋をやりたいと思って、チェーン店系のレストランの会社に就職するが、厨房ではなく接客に回される。いくつかの支店で働き、最後は店長になったが、33歳で退職して、いくつかの飲食店でアルバイトしながら料理を習得した。「毎日食べられて飽きの来ないものはなんだろう」と考えた結果、おにぎりを選ぶ。イタリアンや中華などとも相性が合うので、それまでの経験

住所：文京区千駄木2-31-6
電話：03-5834-7292
営業時間：8:00~20:00
定休日：水
http://risaku.jimdo.com/
利さく
Lunch Set
11:00-3:00
利さく

を生かすことができる。「和食にこだわらず、いわば世界のソウルフードが食べられる店にしたい」と考えた。

　喫茶店を継ぐかたちで、2010年6月にオープン。店名は祖父の名前から付けた。店内のあちこちにいる招き猫は次兄のコレクション。スタッフだった女性がつくる消しゴムなどのコーナーも設置されている。「この店をいろんな才能を発信する場所にしていきたいです」と、吉江さん。

　平日は地元の人、土日は外から来る人が多い。意外に多いのが、日本医科歯科大学付属病院への通院者やお見舞いの人だ。「喫茶店の頃から、入院患者へのお見舞いにケーキを買っていくお客さんが多かった。昔は不忍通りも（日医大に近い）うちのある側のほうが賑やかでした」とは、地元育ちならではの発言だ。

　ひとりで来る客が多いので、回転率はいい。週末は家族連れもよく来る。厨房にいるときも、お客さんへの気配りを忘れないように配慮している。

　かつては距離を置いて暮らしていた千駄木だが、店を始めてから、喫茶店時代の常連客にこの辺の店に連れて行ってもらうなど、新しくつながりが出来てきた。

「最近の千駄木は、路地の中に店が増えてきて面白いです。いろんな可能性のある、これからの町だと思います」と、吉江さんは云う。

　昔から住んでいる人と、新しく入ってきた人、両方が力を合わせることで町の魅力を高めていきたい。それが地元で店を営む吉江さんの願いだ。

谷根千のながめ

団子坂

住所：文京区千駄木2-28-9
電話：090-1612-5420
営業時間：12:00~18:00
［毎月末の金・土・日のみ19:00 ～ 22:00営業］
定休日：月

檸檬の実《れもんのみ》

楽しみながら料理をつくる深く付き合いたくなる店

団子坂の入り口の細い道にある木造2階建ての一軒家。一見、住宅のようだが、扉を開けるとL字型のカウンターが目に入る。これが檸檬の実だ。

「いつも何かつくってないと落ち着かないんです」という言葉通り、店主のイダマイコさん（77年生）は、話をうかがっている間もつねに手を動かしていた。

ひとつの皿に盛りつけられる日替わりの定食（1200円）は、和洋中なんでもありの家庭のごはん。「毎日食べに来ても飽きないメニュー」にしている。その他、パウンドケーキ、パン、マリネなどが、カウンターに並んでいる。普段は晩ごはんは出さないが、毎月最後の週末は夜も営業し、お酒や料理を出す。

てきぱきと動くイダさんのファンになり、この店に通ってくる人は多い。

イダさんは生まれから現在まで、西日暮里から田端にかけてのエリアから離れたことがない。谷根千も徒歩圏内だ。子どもの頃、母が田端で〈レモンの木〉という喫茶店を営んでいた。近所でも「喫茶店の娘」として可愛がられ、「隣の酒屋さんと寿司屋さんとで集まって、一緒に鍋を食べたりしました」と回想する。近所づきあいの深い店の光景が、イダさんの記憶に残った。

団子坂上の花屋で働きながら、飲食店でもアルバイトする。その頃から「自分のお城を持ちたい」と思う。料理もお菓子づくりも好きだったので、飲食店に決める。

「消えるもの、残らないもの

を扱うのが自分には向いています。私はぬいぐるみをつくっているのですが、出来上がるとすぐに人に渡したくなる。つくっている過程が好きみたいです」

手ごろな物件がなかなか見つからなかったが、この民家を見たとき広いことにワクワクした。考えていたより家賃が高かったのだが、思い切って借りることに決めた。レモンの木の娘だからと、店名は自然に檸檬の実に。

ゆっくりやりたかったので、最初の1カ月はテイクアウトのみにし、その後、定食を始めた。翌年秋からは、2階でのイベントも行なうようになった。焼き物作家、写真家、イラストレーターなどの展示や、ライブ、トークショーなど。〈平澤剛生花店〉（64

ページ）の花教室や〈古道具Négla〉（58ページ）の「フクメン古道具市」も開催した。会ってみて波長の合う人とは、一緒に何かやりたくなる。

イベントでのパンの販売、パーティーのケータリングなど、檸檬の実の料理は、店の外にも出ていく。店とは違うメニューを考えるのも楽しいし、注文してくれる客の顔が見えるのも楽しい。

「食べた人が自分も真似してつくってみたいと思ってくれる料理にしたいですね。お任せと云ってもらうと、やたらと張り切ります（笑）」

これからも何か新しい冒険をしたいと、イダさんは云う。

「少人数で料理教室をやりたいです。一緒につくっているうちに、私もいろんなことを発見すると思うんです」

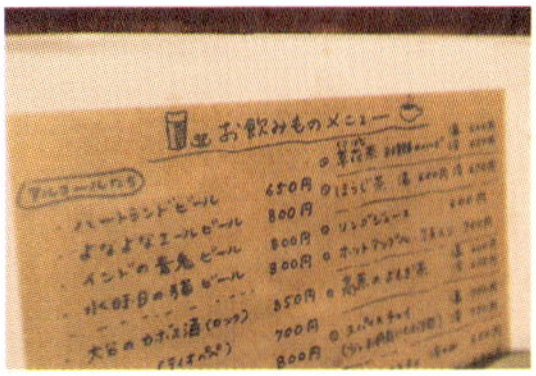

パンは
カゴとトングで
お取り下さい

パリットフワット

paritto fuwatto

この町の人々と18年 素材の味がするパン屋さん

団子坂を上がりしばらく歩くと、駒込学園の正面にあるのがパリットフワットだ。パン屋の名店がひしめく谷根千のやや外側に位置しているし、入口が通りに面しておらず判りにくい。それでも、この店には朝から多くの客が訪れる。「これはどんな味？」「冷凍しても大丈夫？」といった質問に、店主の山崎《やまざき》香世《かよ》さん（65年生）は丁寧に答えている。

「私がつくっているのは、主食のパン。どちらかと云えば、大人向きですね。全体の半分ほどを野菜などの素材が占めるので、濃い味が出るんです」

たしかに、一番人気のよもぎパンは色からしていかにもよもぎで、もっちりとした生地をちぎると香りが漂う。

2人で一杯になる販売スペースには、毎日15～20種類のパンと数種類のお菓子が並ぶ。パンのレパートリーは100種類あるが、素材により季節が決まっているパンもある。日によってつくる種類が変わるので、「お客さんは今日は何があるのか楽しみに来てくれます。逆に、今日はあれがなかったとガッカリされることも」と山崎さん。

定番を挙げると、野菜のパンではよもぎパン、ほうれん草パン、じゃがいもパン、玉葱パン。ほかにミルクパン、くるみパン、全粒粉パン、ライ麦パンなどがある。散りばめられたドライフルーツが宝石のような全粒粉100パーセントの「宝石箱」も人気だ。

お菓子づくりは、長く働いているスタッフが主に担当している。クッキーやチョコレート、パイなど。これらも甘

すぎず、素材の味がする。
　レジの下には、段ボールの切れはしにパンの名を書き込んだ値札が全種類収まっている。この中から、今日は何を焼こうかと選ぶのだろう。
「パンに何を入れたら美味しいかをいつも考えていますね。職業病です（笑）。いい素材が手に入ると、すぐにつくってみます。失敗することもありますが、つくりながら発見することも多いので」
　素材は国内産の粉や野菜を、なるべく顔の見える生産者から仕入れる。パンは前日に種をつくって寝かせる。翌朝4時には店に入り、発酵させたものを焼いていく。作業している間に、近所の人が覗きに来ることも多い。その時点で出来上がったパンがあれば、開店前でも販売する。

「いろんなお客さんがいらっしゃいますよ。手術したとお腹の傷口を見せる人とか（笑）。それと、独身の頃から通ってくださっている女性が結婚してお子さんを生み、その子が小学生になっても、変わらずに店に来てくれるのは嬉しいです」
　山崎さんは、会社員だったときに森まゆみさんの『谷中スケッチブック』を読んで、この辺りを訪れ、谷中の町に

咲く桜を見て、「ここに住みたい」と思った。100年前の建物の下宿屋を皮切りに、結婚と出産を経て家族の人数が増えるたびに、谷根千のなかで7回も引っ越しした。

子育て中の1999年、就職するよりも自分で店をやりたくなり、好きでつくっていたパンを選んだ。パン屋で短期修業したのち、よみせ通りに物件を見つける。オーブンだけは買ったが、発酵機や棚はすべて自作した。店名も家族で一緒に考えて決めた。その店が狭すぎるので、翌年、いまの場所に移転した。

東日本大震災以降は東京から離れる常連客もおり、売上は伸び悩んでいるという。夏場はパンがあまり売れないというネックもある。だけど、これからも大好きなこの町で生活しつつ、パン屋を続けていくつもりだ。

「店を出した最初の頃の気持ちを忘れずにやっていきたいです。慣れてしまうのが一番怖いので。パンも定番を大事にしつつ、新しく、面白いものをつくっていきたい」

山崎さんの好きな言葉は「クレヨン」。絵を描くみたいにパンをつくりたい。その名を冠したパンは、毎日違う3つの素材が重ねられている。誰かに手渡したくなるパンだ。

住所：文京区千駄木 1-19-7
電話：03-5814-2339
営業時間：9:00~18:30
定休日：月
http://parifuwa.com

あめ細工吉原《あめざいくよしはら》

3分ですべてが決まるお客さんを楽しませる技術

「煮詰めた水飴は80度で溶けて、3分で固まります。この間にすべての作業を終わらせなければなりません」

電熱器で飴を熱しながら、吉原孝洋さん（75年生）は云う。団子坂上にあるあめ細工吉原の店内は、前半分が出来上がった飴細工を陳列販売するスペース、奥が工房になっている。実演販売を希望する客は、店の側から飴細工をつくる様子を見ることができる。

私が注文したのは、店のキャラクターの「あめぴょん」。白くてカワイイうさぎだ。師匠について最初に習ったのがうさぎなのと、吉原さんが卯年であることから生まれた。

溶けた飴を丸めて棒の先にくっつけて、うさぎのかたちにする。4寸（約12センチ）の握りバサミで切ったり伸ばしたりすると、たちまち手や足が出来ていく。オプションのハートを持たせて、顔を描くと完成。すごいスピードだ。

「あめぴょんは、飴が固まるまでの時間に効率よくつくることができるようにシンプル

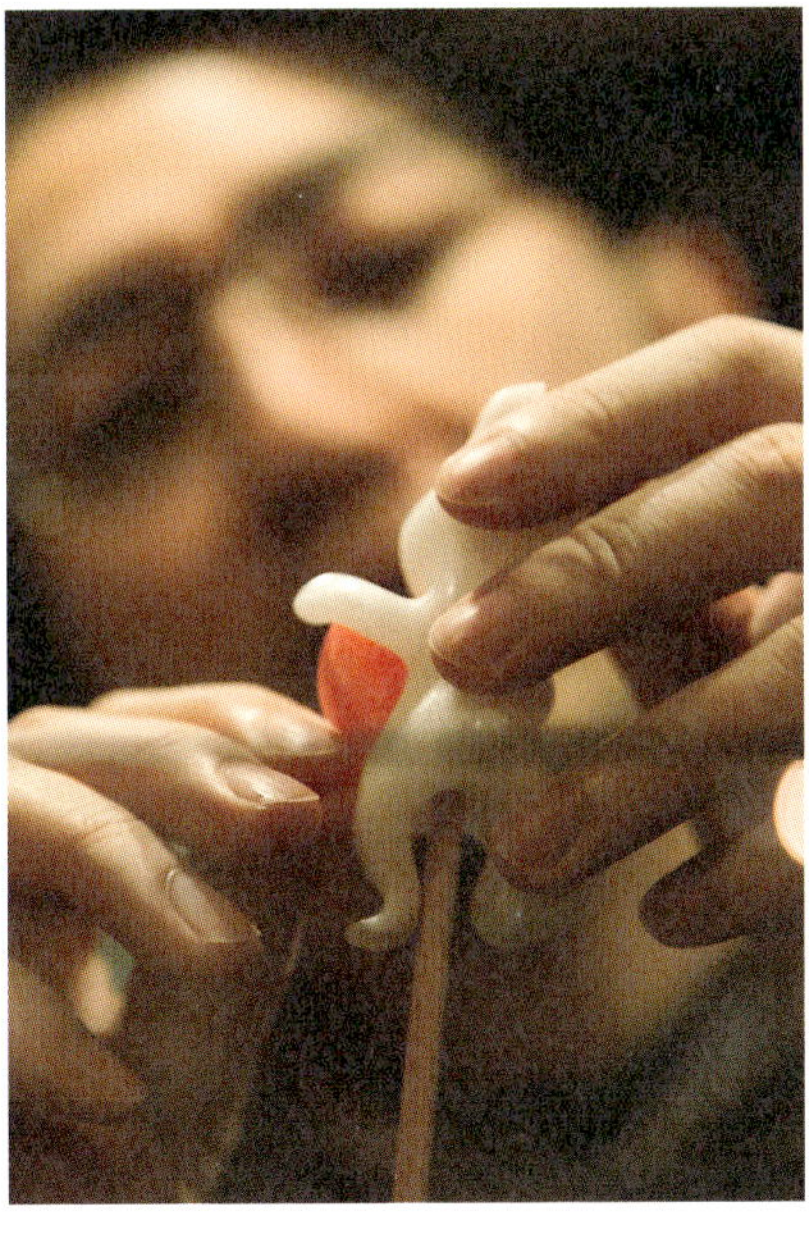

なかたちになっています。オプションを付けるなど、後からの応用が利きます。いまではうちで一番売れる商品になっています」

吉原さんは、26歳でイタリア旅行したときに、現地の人に日本の文化の魅力をうまく伝えられないことを恥ずかしく思ったという。そこで思い出したのが、子どもの頃に祭りで観た飴細工だった。

帰国後、全国に数えるほどしかいない飴細工師のなかで、大阪の師匠に弟子入り。近所にアパートを借りて通った。師匠からは飴細工の技術だけでなく、その場にいるお客さんをいかに楽しませるかという姿勢を学んだ。

独立後、千葉に事務所を置いて、全国の祭りや大江戸温泉などに出店する。それ以外の日は毎日練習する。同じものを繰り返しつくって、体で覚えていく。そんな日々が4年間続いた。

谷中の〈指人形　笑吉工房〉さんと知り合いで、ときどき遊びに来ていたが、団子坂の上に元花屋の空き店舗を見つける。そろそろホームグラウンドが欲しいと思っていた頃であり、借りることを決めた。内装を終えオープンしたのは2008年8月だった。

飴細工の種類は定番で80種類ほど。犬、猫、鳥からイル

カやカブトムシ、実在しない龍やユニコーンまで、かたちも難易度もさまざまだ。「つくる過程を見て楽しんでもらう」ところまでが飴細工なので、実演販売が基本。店頭に並んでいる現物を買う場合は１０５円割引になる。

　店だけでなく、外でのイベントにも出店する。子どもが買えるサービス価格で、休みなしに50本以上つくるのは疲れるが、お客さんが喜んでくれるし、店を知ってもらういい機会だと吉原さんは云う。

　飴細工を始めて15年経つが、いまでもつねに新しい工夫を考えている。店を始めてから、飴細工に魅せられた女性３人がスタッフに加わった。彼女らの成長を厳しく見守りながら、自身もひとりの飴細工師として前に進んでいる。

　２０１７年１月には、よみせ通りに谷中店をオープン。「飴細工を自分の手でつくる体験会をメイン」とし、ひやしあめなどの販売も行なう。

◎千駄木 本店
住所：文京区千駄木1-23-5
　　　巴ビル1F
電話：03-6323-3319
営業時間：12:00~19:00
［実演販売受付18:00まで］
定休日：月［祝日は営業］

◎谷中店
住所：台東区谷中3-18-6
電話：03-6677-2688
営業時間：平日11:00~18:00
土・日・祝10:00~18:00
定休日：火・水［祝日は営業］

http://ame-yoshihara.com/

羽鳥書店《はとりしょてん》

いい本は必ず読者に届く 千駄木で生まれた出版社

２００９年、千駄木で出版社・羽鳥書店が産声をあげた。最初に出した本は、高山宏『かたち三昧』、長谷部恭男『憲法の境界』、山口晃『すゞしろ日記』の３点。その後、人文、法律、美術という３分野を軸に、２０１７年現在、68点を刊行している。トークの記録などを収録する「はとり文庫」も好評だ。

社長の羽《は》鳥《とり》和芳《かずよし》さん（49年生）は早稲田大学卒業後、東京大学出版会に入社。法律系の書籍を中心に編集一筋に働く。１９９４年に東大教養学部（駒場）の副読本として企画された『知の技法』を担当。学問の面白さを伝える「究極の参考書」だと話題になり、累計45万部に達した。また、『山口晃作品集』も新進気鋭の初画集として話題になる。

定年を迎えた羽鳥さんは、東大出版会で羽鳥さんを支えた矢《や》吹《ぶき》有鼓《ゆうこ》さんらとともに羽鳥書店を設立。千駄木は本郷の自宅からも近く、大学時代に住んだ浜松市学生寮がある懐かしい町でもあった。

２０１０年２月、千駄木に引っ越してきた羽鳥さんの大量の蔵書の処分を引き受けた〈古書ほうろう〉（92ページ）が、駒込大観音光源寺で「羽鳥書店まつり」を４日間開催。多くの人が集まり、約１万冊が売れた。「千駄木にできた出版社を、みんなで応援してくれるのが嬉しかったです」。このイベントがきっかけで、光源寺で毎年開催されていた水族館劇場の本を出すなど、地域との関係も深まった。

また、毎年春の不忍ブックストリートの一箱古本市にあわせて、１日だけ事務所をギャラリーとして公開する。「普段も近所の人が散歩の途中に犬を連れて寄ってくれます。３人とも犬好きなので、大歓迎です」。上に住む大家さんもよく差し入れをしてくれるそうだ。地元の出版社として、すっかり定着した。

「出版不況と云われて長いが、私は昔から楽天的なんです。いい本をきちんと出していけば、読者は必ず支持してくれると信じています」と、羽鳥さんはにこやかに断言した。

２０１７年春、羽鳥書店は創業の地から近い団子坂上に事務所を移転した。

住所：文京区千駄木1-22-30
ザ・ヒルハウス502
電話：03-3823-9320
http://www.hatorishoten.co.jp/

［左から］矢吹さん、羽鳥さん

谷根千《やねせん》〈記憶の蔵《きおくのくら》〉

使いながら維持していく　古い蔵を地域活動の拠点に

千駄木の住宅街のなかにひっそりとある古い土蔵。関東大震災の前に建てられたという蔵の内部では、映画上映やトークイベント、ライブなどさまざまな催しが行なわれている。ちょっと判りづらい場所にあるが、慣れるとここに来るのが楽しみになる。

訪問看護師の団体が所有するため、「協和会《きょうわかい》の蔵」と呼ばれていたが、2011年3月に「谷根千〈記憶の蔵〉」と改称。ちなみにその月の東日本大震災でも、この蔵はビクともしなかったという。現在、以前からここを拠点にしているNPO映画保存協会と、『地域雑誌　谷中・根津・千駄木』を発行していた谷根千工房、芸工展実行委員会の3つの団体などが共同で運営している。

「蔵を利用する機会が増えたので、全体に空気が通っている感じになりましたね。もっとも、それで収益がどれだけあるのかという問題はあるんだけど」と笑うのは、谷根千工房の山﨑範子《やまさきのりこ》さん（57年生）。1998年からこの蔵の活用に関わっている。「けんこう蔵部」という名前で演奏会やバザーなどを開催した。

　その一環の上映会を、映画保存協会代表の石原香絵《いしはらかえ》さん（73年生）が観にきたのがきっかけとなり、2007年に事務所をここに移し、上映会やワークショップを行なう。

［左から］山﨑さん、石原さん

　現体制になってからは、山﨑さんが企画するドキュメンタリー映画の上映会「D坂シネマ」の会場もここに移った。2階には谷根千工房の蔵書や資料が保管され、その整理も始まっている。

「はじめて来る方は、こんなところに蔵があることを面白がってくれます」と、石原さん。古い建物なので、ひとつ直してもまた別の場所が壊れてしまう。改修には費用がかかるが、これまでのように「使いながら維持していく」方針は変わらない。

　蔵のほか、上野桜木の市田邸、千駄木の旧安田楠雄邸など、この地域には公開・利用と保存がセットになった歴史的建造物がある。そんな町に住んでいることを誇りに思っている人は多いはずだ。

森まゆみ学級（2013年12月17日）

コラム

地域をつなぐお寺のネットワーク

ほおずき千成り市

谷根千の町を歩くと、たくさんのお寺が見つかる。谷中だけでも70以上の寺があるという。春は桜の花見でにぎわう谷中霊園は、1874年（明治7）、天王寺の境内に開設されたものだ。

浄土宗の光源寺は、団子坂を上り白山に向かう途中にある。1697年（元禄10）、その境内に建立された駒込大観音《こまごめおおがんのん》は多くの人々の信仰を集めたが、1945年5月の空襲で焼失した。観音を失っても、7月9・10日に境内で行なわれる四万六千日の縁日「ほおずき市」は盛んだった。

大観音は1993年に再建されたが、その頃には子どもが少なくなったこともあり、露天商の店も減少していた。人が集まる場所であってこそ寺の役割が果たせると考えた島田昭博《しまだしょうはく》住職（48年生）の奥さん、富士子《ふじこ》さん（47年生）は、2001年、ボランティア活動で出会った人らに声をかけ、「ほおずき千成り市」をスタートさせた。服やアクセサリーなどの手づくり品を中心に、飲食や音

楽のライブなどでにぎわう。初回の参加は15、16組だったが、現在では60組まで増えた。

参加者は顔合わせからポスター配布、テントの設営までに関わることで、結束が高まる。知り合いも増え、自然に地域の人がつながった。

また、2000年から10年まで劇団「水族館劇場」の公演に境内を提供した。次第に出来上がっていくテント小屋は毎年の名物だった。そのほか、フリーコンサートやソンクラーン祭り（タイの水かけ祭）を開催したり、ホームレスの人たちに炊き出しをする団体に場所を貸したりしている。

2011年3月11日の東日本大震災以後は、いちはやく被災地支援の拠点となる。光源寺でつくったおにぎりを大塚のイスラムモスクに運び、福島県いわき市に運んでもらう。ほおずき市用の調理場や道具があり、多人数分の調理をこなすノウハウも蓄積されていた。その後は、寺から直接被災地に食べ物を届けに向かった。現在、東京に避難している人たちにお喋りと食事を楽しんでもらう「おちゃっぺ会」に蓮華堂を提供している。

「千成り市からいっぱい子芋が生まれました」と、富士子さんは嬉しそうだ。「寺だけで完結せずに、さまざまな人たちとつながっているところがいいと思います」と、島田住職も云う。

境内の入り口にある掲示板にはイベントや市民活動などのポスターが貼られ、興味深げに見ていく人が多い。近くにこんな懐の深い寺があることに、どことなく安心するのかもしれない。

住所：文京区向丘2-38-22

根津駅から

東京メトロ千代田線

根津神社のお膝元であるこの町には、明治の半ばまで遊廓がありました。その名残りでしょうか、居酒屋の並ぶ通りがあるなど、いまでも下町の風情が色濃いエリアです。東京大学や東京藝術大学などに近いため、文化的な雰囲気もあります。春は根津神社のつつじを見るために多くの人が訪れます。

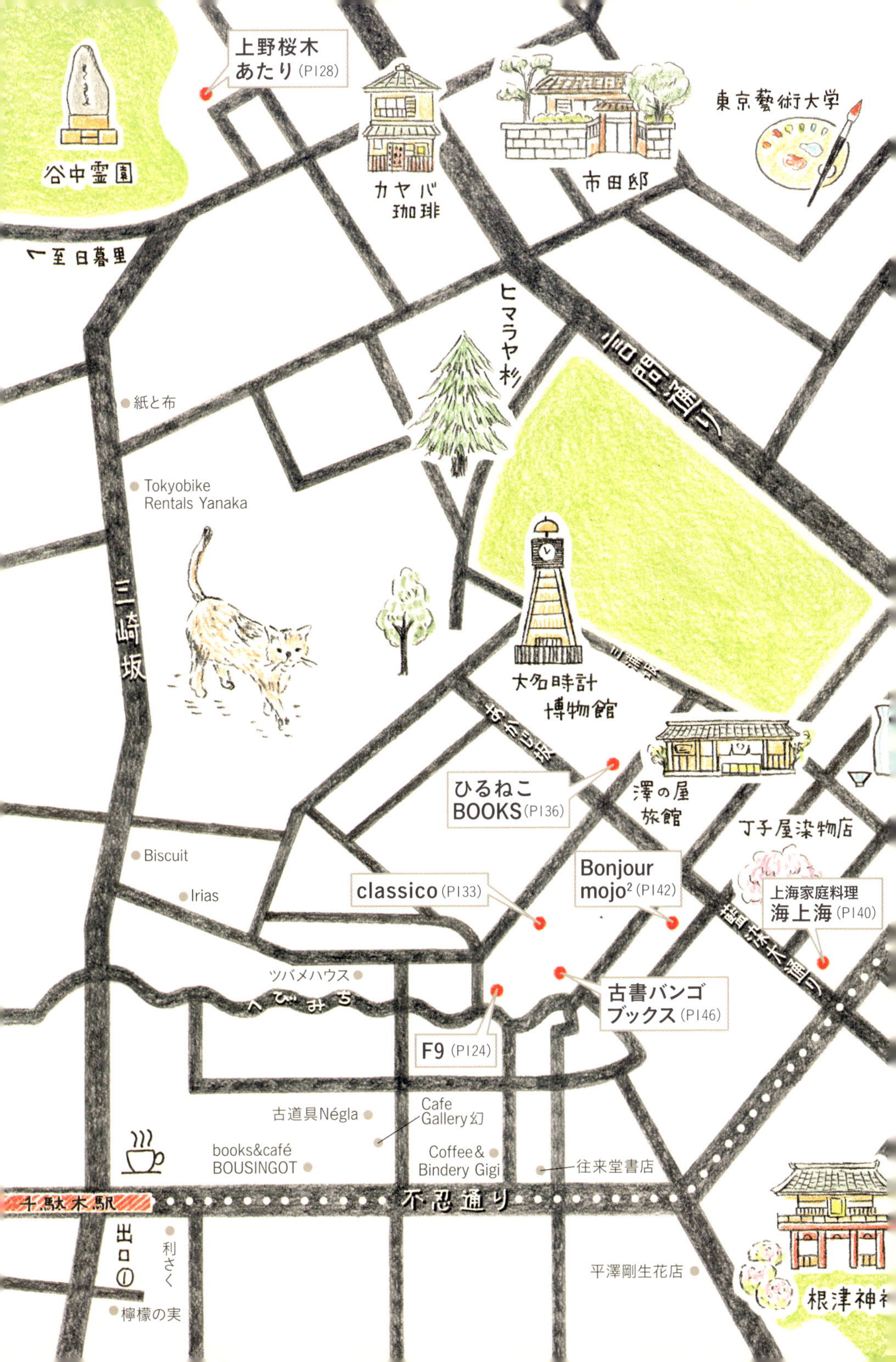

上野桜木
あたり (P128)
谷中霊園
カヤバ
珈琲
市田邸
東京藝術大学
↑至日暮里
ヒマラヤ杉
言問通り
紙と布
Tokyobike
Rentals Yanaka
三崎坂
大名時計
博物館
あかじ坂
澤の屋
旅館
ひるねこ
BOOKS (P136)
丁子屋染物店
Biscuit
Irias
classico (P133)
Bonjour
mojo² (P142)
上海家庭料理
海上海 (P140)
藍染大通り
ツバメハウス
へびみち
古書バンゴ
ブックス (P146)
F9 (P124)
古道具Négla
Cafe
Gallery 幻
books&café
BOUSINGOT
Coffee&
Bindery Gigi
往来堂書店
千駄木駅
不忍通り
出口①
利さく
平澤剛生花店
檸檬の実
根津神

タナカホンヤ《たなかほんや》

旅の果てに見つけた古本屋という居場所

根津駅から東大の弥生門に向かう住宅街にタナカホンヤはある。民家のガレージのような場所で、ドアがないため夏は暑く、冬は極端に寒い。

こんなところに古本屋が？と中を覗くと、奥にインド人みたいな風貌の男性が座っている。店主の田《た》中《なか》宏治《こうじ》さん（78年生）だ。店内の本は300冊ほど。旅、建築、写真集、エッセイなどが多い。田中さんが好きで読んできた本をそのまま並べている。友達の家に遊びに行って、本棚を眺めている感覚だ。

20代半ばからバックパッカーとしてさまざまな国（当然インドも）を巡ったという田中さん。この店を開くまでの経緯も、旅に関わっている。

2010年に訪れた那覇で、牧志《まきし》公設市場の前にある、「日本一狭い古本屋」と呼ばれた〈とくふく堂〉に出会う。店主の徳沢さん夫妻が1カ月フランスに行くために、その間、店ごと貸す相手を募集中だった。自分の居場所をつくることへの憧れがあった田中さんは、手持ちの300冊を沖縄に送り、期間限定の古本屋さんになった。

「田中がやるからタナカホンヤと、店名はすぐ決まりました。本が少なかったので、棚はスカスカでしたが、お客さんはよく来てくれました。滞在費も考えると、全然儲からなかったけれど、ぼくの選んだ本を買ってくれることが嬉しかったんです」

その後、とくふく堂が正式に閉店するときに「後を継がないか」と打診されたが、悩んだ末に断った。結局、とくふく堂の後には〈市場の古本屋 ウララ〉が入る。

2012年に東京の実家が引っ越しし、一人暮らしすることになった。そこで、「せっかくなので、店舗兼住居にしよう」と思いたった。しかし、予算に合う物件は見つからない。ネットで見つけたこの物件は店舗のみだが、「真っ白な壁で窓もドアもないのが気に入って」借りることを決めた。内装はそのままで本

タナカホンヤ
タナカホンヤ
古本屋ギャラリー

住所：台東区池之端2-7-7
電話：090-5436-6657
営業時間：12:00~20:00
定休日：月［不定休あり］
http://blog.livedoor.jp/tanakahonya/

棚だけを買い、5月にオープンした。

　不忍通りの一本裏にあるので、通るのはほとんどが近所の人。この辺は自営業の家が多いので、自然と知り合いになりやすい。

「よく来るのは小学生。本には興味を示さず、遊び場のようなところだと思っているみたいです（笑）。両親が共働きの子どもを店で預かったこともあります」

　壁面はギャラリーとして、絵や写真の展示を行なう。また、音楽の演奏やトークイベントも開催。自分の居場所を持つことで、ここから発信できるようになったのだ。

「ただ、ぼく自身にはコレをやりたいという具体的なものはないんです。何かやりたいことがある人に場所を提供したい。人から『他力本願だね』とよく云われますが、それをいい意味にとらえています。ぼくにはタナカホンヤという場があればいいんです」

　少しずつ売上は増えているが、まだ古物商の許可を取っていないため客からの買い取りはできない。店の定休日は、古巣のインドレストラン（やっぱり！）でアルバイトしている。この調子で古本屋としてやっていけるのか、こちらが心配になる。

　しかし、本人は至ってマイペースで、一日中店にいるのが楽しそう。「アパートから自転車でやって来て、店に続く角を曲がるときに、『今日も始まるんだなあ』と思うんです」。

　最近では、アマゾンに出店している〈二語《にご》商店〉に棚を貸したり、店の外のイベントに参加したりしている。さらに、新しい展開もありそうだ。

　あまり本を読まない若者だったが、気に入った本を人にあげたり貸したりするのが好きだという田中さん。お気に入りのアンディ・ウォホール『ぼくの哲学』は、10人以上に貸して、黄ばんでいる。

「沖縄で店をやったとき、私物でこの本を置いていたら、『この状態のこの本がどうしても買いたい』と云う女性客がいました。丁重にお断りしましたが、そう云ってもらえて嬉しかったです」

　誰かに手渡したくなる1冊が見つかるかもしれない、そんな古本屋だ。

F9
えふないん

きさくな店主が待っている野菜と笑顔がいっぱいのカフェ

この2、3年、台東区と文京区の境目で、ぐねぐねと走る「へび道」を通る人が増えている。名所だった〈旅ベーグル〉は香川県丸亀市に移転したが、同店が入っていた白いアパートの1階では数店が盛業中だ。ベジブルカフェF9（エフナイン）もそのひとつである。

カフェ激戦区の谷根千だが、奥に長いこの店のカウンターにはいつも中高年の常連客が集い、楽しそうに話をしている。

「お客さんみんなに助けられていますね」と云うのは、店主の城川久依《ひさえ》さん（61年生）。明るくて物おじしなそうな女性だ。

石川県の能登出身で、大学卒業後、浅草のおもちゃメーカーに勤め、子育てを挟んで、さまざまな職種で働く。最後の仕事を辞めてから、フードビジネスコーディネーターの講座を受講した。その頃、谷中に遊びに行った妹から教えられたのが、このアパートの物件だった。

「場所の面白さや店の雰囲気が気に入って、すぐに決めました。それまで谷根千には一度も来たことがないんです。こんなにカフェが多いと知っ

Forbes
旅行読売
○○○花の旅
15ヶ入
キャンディー

ていたら、やらなかったですよ（笑）」

それから2カ月で準備して、2013年6月にオープン。先の講座の9期生であることからF9という店名にした。

メニューは、いずれも野菜をたっぷり使ったもの。ランチは日替わりのワンプレートやカレーで、サラダや焼き野菜が付く。スムージーは、キャロット、小松菜、マンゴー、アサイーの4種類から選べる。夏には桃も加わる。「能登の実家で育てた野菜も使っています」と城川さん。女性客に人気があるだけでなく、一人暮らしの男性も野菜を摂りに訪れる。奥のテーブルには、若い人や一人客が座ることが多いようだ。

取材中、先生と呼ばれる男性客がやって来てカウンター

に座る。子ども連れのお母さんが「あとで来るから」と荷物を置きに来る。驚いたのは、いつも料理を運ぶのを手伝っているふうちゃんという女性も、お客さんだったことだ。「毎日来ているし、親戚づきあいみたいなもんだね」と笑う。多くの人が集まるのも、城川さんの気さくな人柄が愛されるからだろう。

「店に毎日ぬか漬けを持ってきてくれるお客さんもいます（笑）。お客さんが友達を連れてきてくれるので、カウンターはいつも賑やかです。お客さんの要望が多いので、夜にはお酒を出すようになりました」

壁面はお客さんで展示をしたい人に使ってもらう。また、サックスのセミプロだというお客さんのライブも行な

う。「お客さんと話しているうちに、自然に決まっていきます」。
いまは店を続けていくことを第一に考えているが、将来は誰かに店を継いでもらい、自分は能登に帰って農業をやりたいという夢がある。「その野菜をこの店で使ってもらえたら、ずっとここのお客さんとつながっていられると思うんです」と、城川さんはつぶやいた。

住所：台東区谷中2-5-14
電話：03-6753-1340
営業時間：12:00~21:00
定休日：火
http://yanaka-f9.com/

上野桜木あたり《うえのさくらぎあたり》

止まっていた路地の時間が
ふたたび動き出した

谷中ビアホール

JRの日暮里駅・上野駅、千代田線の根津駅・千駄木駅からほぼ同じ距離にある、静かな一帯に上野桜木あたりがオープンしたのは2015年3月のこと。路地の奥にある1938年（昭和13）建築の3軒の木造住宅とそれをつなぐ空間が、開かれた場所に生まれ変わったのだ。

手前の1号棟は谷中ビアホール。土鍋を使った和のバーベキューとクラフトビールが楽しめる。1階のテーブル席と2階の座敷、どちらも風情がある。

右奥の2号棟の1階にはKayaba Bakeryと、おしおりーぶがある。前者はこの近くにある〈カヤバ珈琲〉と姉妹店のパン屋。後者は塩とオリーブを他の調味料とさまざまな組み合わせで提案しながら

おしおりーぶ

試食販売し、飲食も提供する。このほか、オフィスや住居として使われる部分もある。

店と店の距離が近いので、建物をつなぐ「みんなのろじ」のベンチに座って、パン屋で買ったパンをつまみにビールを飲むという使い方もできる。毎月末の土曜には、この場所でイベント「あたりの日」が開催される。野菜の直売やこの場所の歴史を知る展示があり、各店舗も協力する。3号棟の座敷は「みんなのざしき」。地域の住人の交流スペースやイベント会場として使われている。近所の方々が参加しての「朝ヨガ」も行なわれる。

オーナーは不動産会社の塚越商事。明治時代から銀行業を営み、関東大震災後にこの地に家を建てた。作家の川端康成が住んでいた時期もある。

「うちの父もここで生まれました。ご近所には父の幼馴染がいらっしゃいます。平成に入り、建物の老朽化が激しくなったので数年空き家の状態が続きました。そんなとき、テレビドラマのロケがきっかけで、NPOたいとう歴史都市研究会（たい歴）の椎原晶子さん（63年生）にお会いしたんです」と塚越商事の塚越良太さん（83年生）は云う。

たい歴は2001年に活動開始。1907（明治40）年建築の市田邸を借り受け、若い世代が居住するとともに、芸術文化活動の拠点とした。その後、間間間《さんけんま》、旧平櫛田中邸アトリエ、カヤバ珈琲と上野桜木近辺の古い建物を、それぞれの歴史や特徴に合うやりかたで管理・活用してきた。

住所：台東区上野桜木2-15-6
営業時間：9:00~20:30
定休日：月［祝日は営業］
※各店舗ごとに営業時間、定休日など異なります
http://uenosakuragiatari.jp/

Kayaba Bakery

リノベーションにあたり、建築設計家と文化財保存や造園、デザインの専門家がチームを組んで、本来の良さを残しながらさまざまな目的に利用できる場所づくりをめざした。入居する店舗も自分たちで内装を手がけることで、この場所の歴史への理解や愛着が深まった。

あたりではさまざまなイベントが行なわれているが、「地域」に関する企画が多いことに注目したい。隠岐島・海士町、山形県川西町、南三陸町などに住む人たちがここにやって来て、物産を販売したりトークをしたりする。「その土地の暮らしと人を知る機会を増やしていきたいです」と椎原さんは語る。

敷地のすぐ隣には民家があるが、「『通りの人の流れが変わって、訪れた人や近所の人と話す機会が増えた』と喜んでくださる方もいます」（椎原さん）。日本人だけでなく、多くの外国人の姿も見える。

地域に開くことで、長い歴史を持つこの場所の止まっていた時間がふたたび動き出したようだ。

［左から］塚越さん、椎原さん

谷根千の
ながめ

ヒマラヤ
杉

classico

クラシコ

日々の暮らしを楽しむ服や道具に出会える店

白を基調としたクラシコの店内は2つの空間に仕切られ、カジュアルウェアや器、工芸品、文房具、アンティークなどが整然と並ぶ。点数は多くはないが、店主の高橋《たかはし》隆《りゅう》さん（67年生）が自分で選び使ってみて、納得したものだけを仕入れている。その選択眼を信頼して通う客は多い。

この日も千駄木の美容室〈ウルワシ堂〉のスタッフが来店し、手袋を選んでいた。この店のセレクトが好きだという彼に、高橋さんは素材や色などを丁寧に説明していた。

「ブログには新入荷の品の仕様やどこがいいかを詳しく書きます。それを見て、買いにいらっしゃるお客さんも多いです。家族や趣味のことを書くと、そのことで話が盛り上がったりしますね」

高橋さんは岩手大学の仏文科を卒業後、フランス語を生かせる仕事を求めて、洋服の輸入会社に勤めた。その後、セレクトショップに勤務

し、販売と営業を担当。しかし、自分で仕入れたものを自分で売る仕事をやりたくなって、２００６年に退職した。

展示会で知り合いになった靴工房〈nakamura〉の谷中の店舗（のちに足立区に移転）に遊びに来たことから、現在の物件を見つけた。「こんな店にしたい」というイメージが既にあり、自作のスクラップブックを見せて、色合いなどを建築家に伝えた。

店名はイタリア語で、クラシックの意味。それに「暮らし」を掛けている。

「ぼくは、つくられた流行である『ファッション』という言葉が嫌いで、『クローズ（clothe）』を使っています。服も暮らしを楽しむための道具のひとつだと思うんです」

昔から人の手を経てきたもののなかで、いいものを選び伝えていく。それとともに、いま活動しているデザイナーや作家の仕事を次の世代に伝えていくこともめざしている。

「大手のショップだと店に並ぶまでに多くの人が関わりますが、個人の店では自然に店主のテイストで統一されます。そのほうが面白いし、お客さんにも伝わりやすいんです」

２０１３年10月には、念願のクラシコオリジナルのシャツ「h.b」の販売を開始した。ユニセックス用で、真夏以外はオールシーズン着られる白いシャツ。シンプルだが、織りネームのデザインなど随所にこだわりがある。評判も良く、２カ月で50枚売れた。

今後は自分の好きな地方の店に置いてもらいたいと高橋さんは云う。

「h.bにはいくつかの意味があって……。愛読していた雑誌『Olive』で見つけた犬の名前で、最初はこの名前で店をやりたいと思っていました。また、自分が堅物だと感じていて、鉛筆のHBみたいに硬軟バランスよく生きていきたいという願いを込めて。そして、武者小路実篤も愛した『日々是好日』という言葉が好きで、雨の日も風の日もこのシャツを着てほしいというメッセージも。あ、『高橋』を英語にすると『High Bridge』になるというのもありますね（笑）」

　家族とともにこの町に暮らし、店を営む。そんな日々がこれからも続いていく。

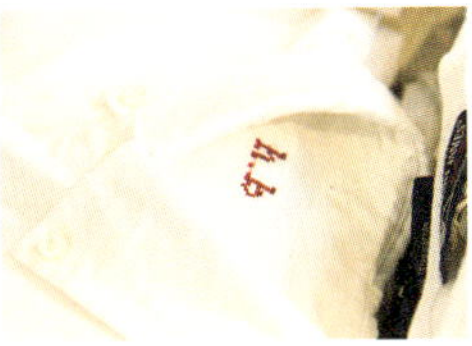

住所：台東区谷中2-5-22
山岡ビル102
電話：03-3823-7622
営業時間：12:00~19:00
定休日：火
http://www.classico-life.com/

ひるねこBOOKS

ひるねこぶっくす

「本の入り口」になりたい小さな本屋のチャレンジ

へび道と並行して、三崎坂から根津方面に抜ける通りには、〈イリアス〉〈ツバメハウス〉〈Classico〉などの店が並ぶ。ここに新しく加わったのが、ひるねこBOOKSだ。

水色の看板に惹かれて中に入ると、6坪の店内には本と雑貨が整然と並べられている。内装もしゃれていて、女性が気軽に入ってきやすい感じだ。「本や本屋にあまり縁のなか

った人にとって、本への『入り口』になるような店であればいいと思います」と云うのは、店主の小張隆さん（84年生）。児童書の出版社に営業職として8年間勤めた。書店業界の厳しさを感じつつも、「読者に本を届けるまで」を自分でやってみたいと本屋開業を決意した。

「店を開く場所は、数年前から住んでいる谷根千エリアと決めていました。小さな店がたくさんあるので、ここなら出来るのではと思いました」。この位置に決めた理由は、近年古本屋が増えている谷根千でもこの通りにはなかったからと、近くに女性に人気の〈COUZT　CAFE＋SHOP〉があったからだ。

「古いものや町歩きが好きな女性を客層だと考えていま

いつもみてる
たしは ねこ
松田奈那子
いつも いっしょだよ。
おおきなねこと
ねこまみれ帳
ミロコマチコ
アーティストが愛した猫
Artists and their Cats
東京看板ネコめぐり
寝てもさめても猫と一緒
ニャンニャンにゃんそろじー
猫の想い
猫町ラプソディ
So good!
BOKMÄRKE

ひみつ堂のヒミツ

住所：台東区谷中2-1-14-101
電話：070-3107-6169
営業時間：11:00~20:00
定休日：月
http://www.hirunekobooks.com/

す」との言葉通り、絵本や猫に関する本、それに食や服など暮らしに関する古本が並ぶ。北欧に関する本が多いのも特徴だ。「『ムーミン』がきっかけで好きになった北欧ですが、国民の幸福度が高く、デザインも優れていることから、この店に合うと思いました」と云う。

中央のテーブルには、絵本や猫、北欧に関する新刊も並ぶ。出版社との直接取引や、子どもの文化普及協会などの小さな取次をうまく使って、この店に合う本を仕入れている。出版社での経験が生きている。また、リトルプレスも積極的に扱う。版元や作家との縁は、壁面の展示につながる。月に2回のペースで、イラスト展や写真展を開催している。

また、トークやワークショップなどのイベントも多い。10人も入ればいっぱいという狭さを生かして、テーマを絞った企画でも成立させている。「本に関係ないイベントに参加した方が、展示を見たり本を買ったりしてくれます。知らなかったものを発見する場にできればいいですね」

店をやってみて感じたのは、「待つ仕事」の大変さだ。毎日店を開けながら、展示やイベントを企画し、ツイッターなどのSNSを活用して、店に寄ってくれるお客さんを一人でも増やそうとしている。

これまで名前のなかったこの通りの店が相談して今年の春、「キッテ通り」という名称が生まれたのも、店の存在を知ってもらうための試み。郵便局や日本郵趣協会の事務所（のち移転）があることや「遊びにキテね」という願いを込めてこの名になったそうだ。

今後は本や展示を充実させるとともに、この店から発信する才能を見つけたいと小張さんは云う。「ひるねこBOOKSから絵本を出版するつもりで準備しています」とまだまだ夢は広がっている。

上海家庭料理
海上海《はいしゃんはい》
友人を連れていきたくなる下町の本格中華料理店

安くてウマい中華料理屋が目白押しの谷根千。6年前、その激戦区に、上海からやって来た料理人が海上海なる店を開いた。焼き餃子、ゆでワンタン、大根餅などの点心から、アヒルのパリパリ揚げ、ラム肉と長葱炒め西域風味のように、ココでしか出会えない変わった品まで、40種類以上の料理が楽しめる。友人を連れていきたい店のトップに挙げる地元の人は多い。

「根津に店を出したのは偶然ですが、日本人の妻の実家が田端だったので土地勘がありました。店名も妻が付けてくれました」と、王新毅《ワンシンイー》さん(74年生)は云う。上海生まれで、18歳から上海料理のコックとして働きはじめ、25歳で東京に住んでいた姉に誘われて来日。先に来日していた、上海で料理を教わった師匠と一緒に笹塚や川崎の店で働く。結婚後、上海に戻って料理店で働き、点心や流行りの料理を身につけた。そして再び東京へ。チェーン店で働くが、マニュアル通りの調理が嫌で辞める。自分の店を持ちたいと物件を探すうち、いまの場所が見つかった。自分で内装し、オープンさせた。

料理はもちろん、点心も王さんの手づくり。黒板に書かれるお勧めの料理は、毎月変わる。新しい料理を思いつくと、まず奥さんに味見してもらう。定番になっている「よだれ鶏」は、「辛いものが食べたい」というお客さんの言葉から生まれたという。

「料理は真面目につくれば美味しくなりますよ」と、王さんは云う。定休日も設けず、3人の中国人スタッフを指揮して毎日店に立つ。

2013年には住まいも根津に移し、この下町で妻と娘と暮らしている。道でお客さんと会って話し込んだり、近所の店の人と一緒に飲みに行ったりすることもある。

アクション映画が大好きで、以前は休みの前日になると、閉店後にバイクで新宿まで行って、深夜上映を観ていた。「最近ご無沙汰なので、また観に行きたいですね」と笑う。

さて、今夜も友人と海上海だ。シメは五目チャーハンかタンタンメンかな。

住所：文京区根津2-29-3
電話：03-5832-4787
営業時間：11:00~14:30
　　　　　17:00~23:00
定休日：無休
http://www.haishanghai.net/

［左上］ゆでワンタン、［下］よだれ鶏

ur mojo^{2}

おいしい動物パンのお店
Bonjour mojo^2
ボンジュール モジョモジョ
あさ 9:00~
(商品がなくなりしだい閉店します)
(不定休)
定休日/月曜・第2.4火曜
ギャラリーも併設しています

Bonjour mojo^{2}

ボンジュールモジョモジョ

幸せな気持ちになる動物パン 独自のスタイルのパン屋さん

かつては根津神社の参道として栄えたが、いまは静かな藍染大通り。そこから北に抜ける、地元の人もあまり知らない細い道にボンジュールモジョモジョはある。長屋の窓に販売用の台を取り付けて、パンを販売している。

お客さんが外から声をかけると、店主の大平由美さん（76年生）の顔が窓から覗く。トレードマークのもじゃもじゃ頭が、この店名の半分の由来なのだ。

この店の一番人気は動物のかたちをしたパン。18種類あり、ウサギはカスタードクリーム、ゾウはベーコンポテト、カメはメロンクリーム、ブタはピザチーズと、キャラクターからイメージした材料で焼いている。大人にも子どもにも人気がある。ほかに、食パンやラスク、ドーナツなどをつくっている。

店構えも商品もユニークなパン屋さんだが、ここに至る大平さんの経歴もかなり変わっている。実家は福島県いわき市でパン屋を営んでおり、朝起きるとパンの匂いが漂うなかで育つ。小学生から高校まで剣道に打ち込んだが、限界を感じ、ゴルフ場で働きつつプロゴルファーをめざすが挫折。23歳で東京の調理学校に入る。いくつもの飲食店で働きながら、何をやりたいのか模索する日々が続いた。

パン屋で働いていた頃、友人が描いた動物のイラストでパンを焼いて、代々木上原のギャラリーで販売した。その後、谷中の〈貸はらっぱ音地〉（44ページ）で月に1度、路上販売を行なうようになって、この町に住みたいと思っているうちに不動産屋でこの長屋を見つけた。

友人に手伝ってもらって作業場所をつくり、1カ月後にオープン。実家の〈ボンジュール大平〉と自分の髪型から、店名を決めた。パンの焼き方も改めて父に習った。

「思いたったらすぐ行動する性格なんです。『こんな場所で店やるなんて』と親には呆れられましたけど（笑）。でも、開けてすぐに近所の人が珍しがって来てくれました」

毎日顔を出して差し入れをくれるおばさんや、前の道を掃除してくれるおじさんもいる。「いきなり入りこんで店を始めたのに、みんな優しくしてくれます」と大平さんは云う。一年中窓を開けているので、立ち話していくお客さんも多い。

大平さんは毎日夜11時に寝て、夜中2時に起きる。それから何度かに分けて生地をつくり、焼き上げる。開店時は忙しく、昼頃になるとやっと座って休憩できる。

「お昼にアルバイトの女の子と喋りながらパンを食べていると、ホッとしますね。今日も無事にパンが出せたなあと思って」

休みの日には近所を散歩する。住みはじめて6年が経ち、店を営む人たちとも友人になった。「店主さんには個性の強い人が多いので、話していると刺激になります。私もまた新しくやりたいことが見つかるかも」。

パン屋の宿命とはいえ、いつも寝不足気味のもじゃもじゃ頭で、大平さんは、見ても食べても幸せな気持ちになれるようなパンをつくり続けたいと考えている。

2014年には不忍通りのバス停前に、コッペパン中心の〈大平製パン〉を開店。こちらも人気の店になっている。大平さんの次の「新しくやりたいこと」は何だろう？

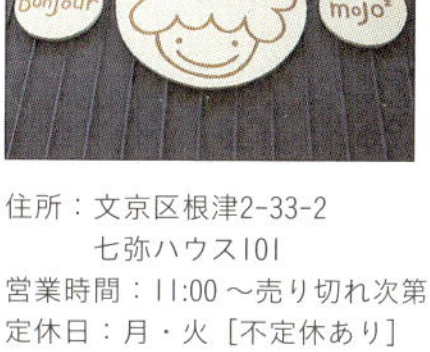

住所：文京区根津2-33-2
　七弥ハウス101
営業時間：11:00～売り切れ次第
定休日：月・火［不定休あり］

古書バンゴブックス

bangobooks

知らない本に出会う喜び
下町の個性派古本屋

バンゴブックスは、根津からへび道への入り口にある。ドアを開けると、3坪ほどの店内にぎっしり本の詰まった棚。動植物や食、生活に関する本を中心に、5000冊ほどが並ぶ。戦前刊行の図鑑や写真集など珍しい本が多く、眺めていて飽きない。

「ほとんどが古書組合の市場で仕入れたものです。小川町の古書会館で開かれる市場に週に3日ほど通っています」と、店主の田中大介《たなかだいすけ》さんは云う。落札した本は愛用の自転車に積んで、店まで持ち帰る。

大学で近世文学を専攻したという田中さんは、卒業後、池袋の〈八勝堂書店〉に入社。そこを1年で辞めて、テレビ番組の制作会社で再現ドラマのADとして5年間働いて辞め、台北に1年半滞在、帰国して本郷の〈文生書院〉に入る……と、へび道のように紆余曲折の経歴なのだ。

結婚後、ネットで古本販売するつもりで独立。古書組合

に加入して、市場に通い、本を集めた。屋号のバンゴブックスは、「番小屋」から。江戸の町の自身番の詰め所だが、よろず屋としてモノも売っていたということを知り、この名前に決めた。

　同時期に、鶯谷の古民家アートスペース〈そら塾〉の2階を作業場として借り、そら塾を訪れる人に本を販売していた。

　子どもが生まれたのを機に、文京区弥生から現在の一軒家に引っ越す。1階で店を営み、2階で家族と暮らしている。

「この辺は車も少ないし、子どもを育てるのにいい環境ですね。近所の方にもよくしてもらっています」

　店舗を持ってよかったのは、ネットだけだった頃と違い、お客さんの顔が見えるところ。それが本の仕入れにも反映できる。

　今後は戦時中から戦後にかけてのルポルタージュやノンフィクションを集めていきたいという。また、日本で翻訳されていない海外の本に関わる仕事もやってみたいと、田中さんは云う。

「市場では知らない本に毎日出会います。そのたびに、自分がものを知らないことが判ります。古本屋の仕事はいつも新鮮で面白いんです」

住所：台東区谷中2-5-10
電話：03-6326-5388
営業時間：12:00~19:00
［平日は不在の場合もあり］
定休日：なし［不定休あり］
http://bangobooks.com/

ASAGAO《あさがお》

町と人の縁から生まれた朝から豊かな食事を楽しめる店

不忍通りにはかつて都電が走っていた。その車両が展示されている公園の先、三角形の土地に建つのがフレンチレストランＡＳＡＧＡＯ。向かいのマンションの前には桜の木があり、カウンター席の１階もテーブル席の２階もガラス張りで、春には花見ができる。

建物だけでなく、営業時間も朝７時からとユニークだ。しかも、そこで出てくるのがコース料理（３０００円と４０００円）もしくはワンプレート（１２００円）としっかりした「ディナー」なのだ。朝からこんなに美味しい料理を味わえるとは、じつに贅沢な気分だ。

オーナーの慎次大さん（64年生）は根津で生まれ育ち、駒込の老舗洋菓子店で修業したのち、実家のある場所にケーキ店〈パティスリー セレネー〉を開いた。あるとき、家族ぐるみで付き合っていた寿司屋の大将が、奥さんが亡くなってから「一人ぼっちになっちゃった」とつぶやいたのを聞く。「それで、一人で来てシェフと話しながら朝食を楽しめる店をつくりたいと思ったんです」。朝の顔になろうと店名を決めた。これには、夜遅くなりがちなパティシエや料理人のライフスタイルを変えていきたいという思いもある。

シェフの保谷和男さんは、元セレネーのパティシエで慎次さんとは気心の知れた仲だ。季節の素材をどう組み合わせるか、話し合って決める。

また、パンとデザートはセレネー、コーヒーは〈みのりＣａｆｅ〉、ハーブティーは〈スタジオ ザ・ブルーム〉と、いずれも根津で営業する店が提供している。

「東日本大震災以降、地元にある有志の店で協力し合ってきた成果です。地域の店同士でコラボすることが、今後のビジネスのスタイルになっていくかもしれませんね」

高齢者の食生活のアドバイスをしたい、お店への送迎もできたらと、この町を愛する慎次さんのやりたいことは、この先いくらでも増えそうだ。

住所：台東区池之端 3-1-20
電話：03-5842-1627
営業時間：7:00~15:00、17:00~21:00
ディナー　月～木　予約制／金・土
定休日：日
http://asagao-db.jp/

［右から］慎次さん、保谷さん

弥生坂《やよいざか》　緑の本棚《みどりのほんだな》

植物と本を楽しみながら時間を過ごせるカフェ

根津駅の交差点から、言問通りを東大方向にゆっくり上がる。その途中、右側に弥生坂がある。江戸時代、この辺りは御三家水戸藩の屋敷だったそうだ。すぐ先の建物の1階の軒先に、たくさんの植物が飾られており、古本が入った箱も並べられている。道行く人は、ここは何の店なのかと戸惑うかもしれない。

「ここは古本屋で、植物の販売所で、カフェでもあるんです」と笑うのは、弥生坂 緑の本棚の店主・綱島則光さん（65年生）だ。弥生坂の近くにあって、緑と本を扱う店ということでこの店名に決めた。

それにしても、なぜ植物と本なのか？

綱島さんは大森（大田区）で生まれ、子どもの頃は国鉄の電車の運転手になりたかったという。「でも、国鉄の民営化で諦めました。なぜか私鉄には興味なかったので（笑）」。

両親が植物好きだった影響で、東京農大に入学し花卉園芸研究室に入る。卒業後、花屋に就職する。その後、別の花屋に移り、そこで店長となった。「当時はレストランのウェディングやクラブなどで花がめちゃくちゃ売れました。でもバブルがはじけると、花の消費が急に落ち込みました」。

弥生坂　緑の本棚

そんなとき、不要な本をくりぬいて植物のプランターにした商品（東京ピストル企画の「本鉢《ほんばち》」に関わり、自分が本好きだったことを思い出した。その後、古書店やブックカフェの開業講座に参加し、古本屋を回って本を買い集めた。

2015年6月、根津のブックカフェ〈狐《こ》白堂《はくどう》〉が閉店することをネットで知った。

「行ってみると、軒先が広くテラスもあって、ここなら植物も置けるかなと。それに、狐白堂さんの閉店する理由が親御さんの介護のためと聞いて、私も似た状態にあるので共感したんです」。他の物件は見ず、ここに決めた。開店したのは翌年2月だ。

「オープン記念にお買い上げの方に多肉植物の鉢をプレゼントしたんです。10日で

100鉢がなくなりました」

　最初は古本の冊数は少なかったが、いまは5000冊以上ある。一冊一冊に丁寧にクリアブックカバーをかけている。ジャンルは幅広いが、とくに植物や自然科学関係の本には力を入れている。

「植物本が多い店だと聞いて来てくれた、育種家でSF作家の藤田雅矢さんのトークイベントを開催することができました」

　また、トールペイントの先生と一緒に、植物の絵を描いたブックカバーをつくるワークショップも行なう。

　店の奥はカフェになっている。ゆっくり本を読んで過ごしてもらうために、閲覧用の本棚も置く。飲み物や食べ物のメニューも次第に増えている。多肉植物「グラパラリーフのメープルシロップ添え」がいかにもこの店らしい。

　開店から1年半が経ち、少しずつ常連客が増えてきた。

「今後はイベントを企画したり、植物の展示会を開いたり、いろいろやっていきたいです」

　店を始めて、学んだことは多い。「いつもお客さんに導いてもらっている感じですね」と、綱島さんは笑った。

住所：文京区弥生2-17-12
野津第2ビル1F
電話：03-3868-3254
営業時間：火・水・土13:00~21:00
日13:00~18:00
定休日：月　不定休：木
https://midorinohondana.com/

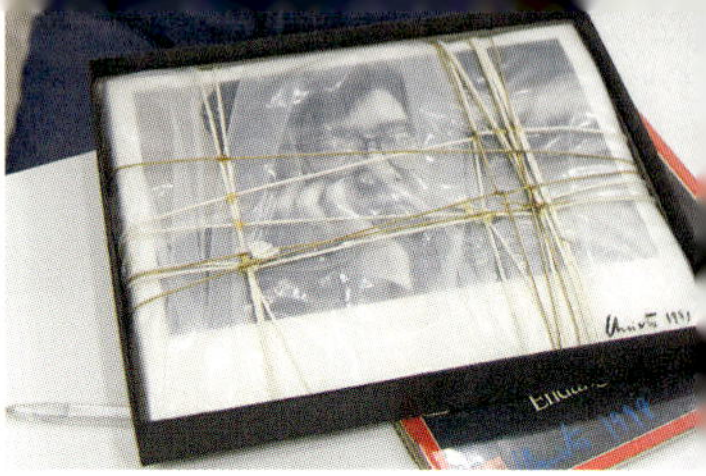

STORE FRONT《ストアフロント》

現代美術の息吹きを伝える ギャラリー&ブックショップ

目の前に不忍池を望む池之端のマンション。エントランスを通り抜けたところに、ひっそりとあるドアをくぐると、左手に白い壁、右の小部屋には美術書がぎっしり詰まった棚がある。ここストアフロントは、ギャラリーとアートブックの古書店だ。

オーナーの柳正彦《やなぎまさひこ》さん（57年生）は大学卒業後、1981年にニューヨークに留学し、大学院で芸術社会学を学ぶ。その間、高校の頃から通っていた池袋のアート・ブックショップ〈アール・ヴィヴアン〉のスタッフに頼まれて、美術の古書やギャラリーのカタログ、ミュージアムグッズを見つけて日本に送った。

その後、フリーのバイヤー・美術ライターとして、ニューヨークで働く。いまも1年の3分の1は現地に住んでいる。

その一方、現代美術作家のクリストとジャンヌ＝クロードの夫妻と交流し、日本でのプロジェクトや展覧会の窓口の役割を務める。

2011年、都筑洋介《つづきようすけ》さん、高石由美《たかいしゆみ》さんと共同で、ストアフロントを始める。アートと本を融合したギャラリー・書店をめざす。柳さんは本郷生まれで、この界隈になじみがあった。

プレオープン企画として、クリストの来日にあわせて、クリストの作品や書籍、レアな資料を展示し、サイン会も行なった。「ストアフロント（店頭）」は、クリストの60年代の連作のタイトルにちなみ、看板の文字も本人に書いてもらった。

その後は、未綴じのアートブック展や若手作家の展示などを開催している。

本棚には美術館のカタログや作家の作品集をはじめ、アート全般の珍しい本が並んでいる。現代美術になじみの薄い人も、手に取れば興味が湧くのではないか。

「バイヤーの癖で、いい本を見つけるとつい2冊、3冊と買い込んでしまうんですよね。いまでも、本を売るよりも買うほうを楽しんでしまいます」と柳さんは苦笑する。

今後は、内外の才能のある若い作家を紹介していきたいと語る柳さん。好きなものにまっすぐ向かっていく姿勢は、これからも変わらない。

住所：台東区池之端2-1-45
パシフィックパレス池之端103
電話：03-3824-1944
営業時間：12:30~18:30
定休日：日・月
[臨時休業も有。HP、電話等で要確認]
http://www.storefront-art.com/z

CHRISTO
Christo and Jeanne-Claude
Christo's Valley Curtain

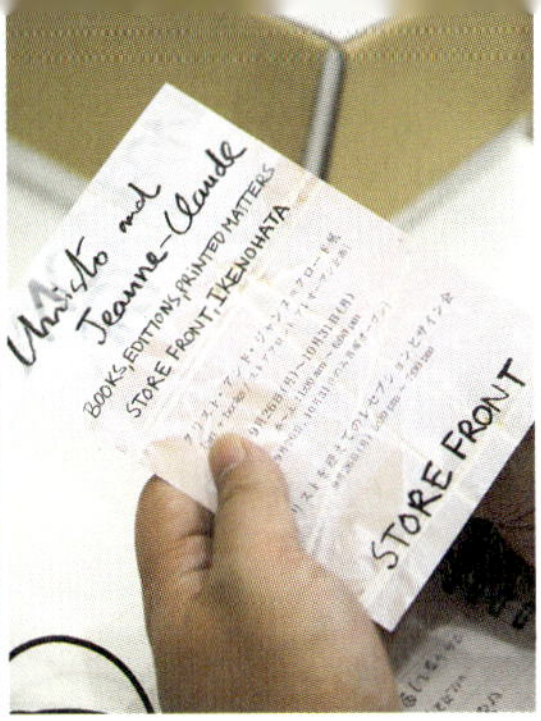
Christo and Jeanne-Claude
BOOKS, EDITIONS, PRINTED MATTERS
STORE FRONT, IKENOHATA
STORE FRONT

MANZONI
NEW YORK: THE NEW ART SCENE
PREMISES
GILBERT & GEORGE

谷根千おでかけカレンダー

谷根千では、一年を通じて、昔ながらの伝統行事があり、町を舞台にしたイベントも盛んに行なわれています。このカレンダーを、おでかけの参考にしてください。

1

元旦～1月10日

谷中七福神巡り

寛永寺（弁財天）、天王寺（毘沙門天）など、台東区・荒川区・北区の七福神を参拝します

2

2月3日

節分祭

諏方神社、根津神社、護国院、東京成田山別院などで開催されます

3

3月上旬

千駄木マラソン

小学生から社会人までが各組に分かれて、不忍通りなどを走ります

4

4月上旬～5月上旬

文京つつじまつり（根津神社）

境内にあるつつじ苑に約3000株のつつじが咲き、植木市や露店などが並びます

4月下旬～5月上旬

不忍ブックストリートweek

2日間開催の一箱古本市をはじめ、トーク、展示など本に関するイベントがあります（88ページ）

7

7月9日・10日

ほおずき千成り市（駒込大観音光源寺）

四万六千日の縁日で、地域の人々による手づくり品や飲食の屋台が並びます（116ページ）

8

8月
円朝まつり（全生庵）
落語家・三遊亭円朝を偲び、円朝が蒐集した幽霊画の公開と、落語家さんによる「円朝寄席」を開催します

8月下旬
諏方《すわ》神社例大祭
本殿への道には露店が並びます。神楽も奉納されます。本祭は3年に1度行なわれます

9

9月下旬
根津神社例大祭神賑行事
不忍通りにたくさんの神輿が繰り出します。本祭は2年に1度行なわれます

10

10月
芸工展
「まちじゅうが展覧会場」をキーワードに、地域のさまざまな人が参加するアートとまちづくりのイベント

谷中まつり（防災広場「初音の森」ほか）
ブラスバンドや大道芸、模擬店などと盛りだくさんで、地元の家族連れでにぎわいます

谷中菊まつり（大円寺）
明治まで団子坂で行なわれていた菊人形を1984年に復活。菊市や出店があります

根津・千駄木下町まつり（根津神社ほか）
何カ所もあるサブ会場とともに、模擬店やフリーマーケットなどの催しがあります

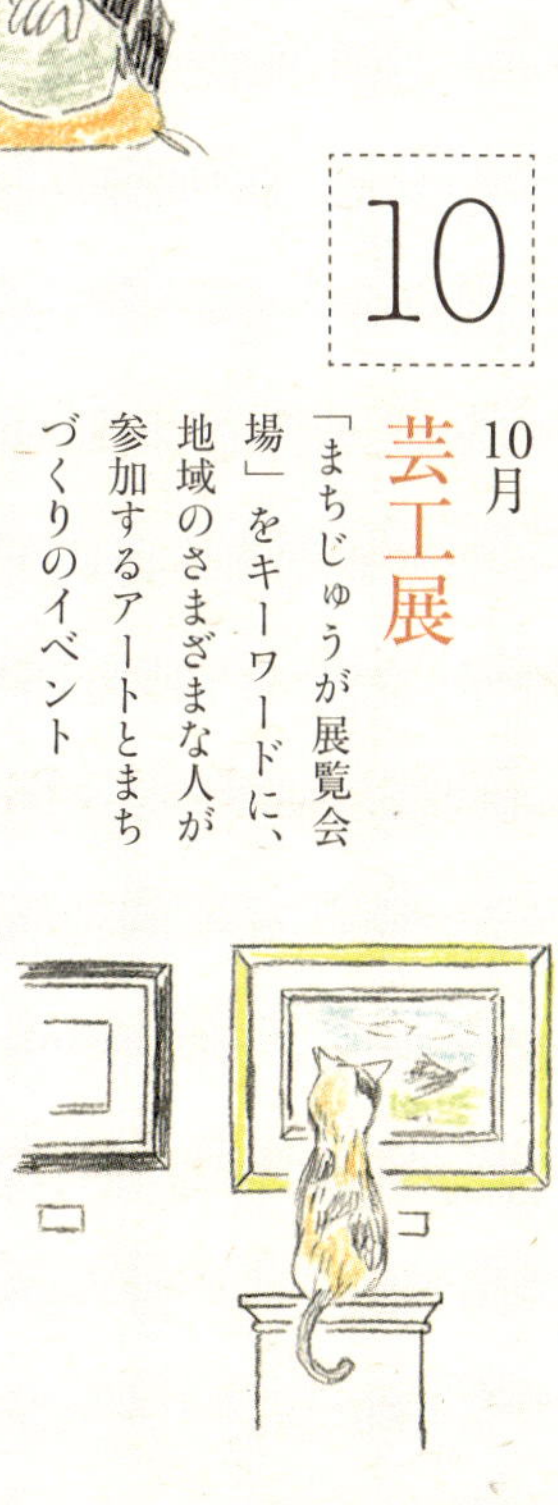

他にも、商店街のイベントや有志で開催するフリーマーケットなど、多数の行事があります。探してみてください。

新版のおわりに

スマホを置いて町に出よう

谷根千の40のお店と場所、そして、それを営む人たちをめぐる物語はいかがでしたか？

私は1995年に谷中に引っ越して以来ずっと、谷根千の周辺で暮らしてきました。いくつかの縁が重なって住むようになったこの町ですが、いまでは郷里で過ごした日々より長く暮らしています。2005年には仲間たちと「不忍ブックストリート」の活動を始め、町の人々との付き合いも深まりました。

谷根千のどこに行くのも自転車で10分以内という地の利を得て、毎日のように取材に出向きました。どのお店の方も率直にお話してくださいました。服や家具などの門外漢の私には丁寧な説明がありがたかったです。また、谷根千で店を営んでいる人たちに同志的なつながりが強いことを、店を持たない私にはうらやましく思えました。

2014年に刊行した旧版は、多くの読者に手に取ってもらえました。とくに地元の往来堂書店には1000部以上売っていただきました。

刊行から3年が経ち、ほかの町に移転したり、業態が変わったりした店がありました。その一方で、ぜひ紹介したい新しい店も出てきました。新版では8店を差し替えています。それ以外は、基本的には取材時のままの記述ですが、移転などの変化は反映してあります。

カメラの和田高広さんは、日暮里に生まれていまもお住いの地元民です。その地の利を生かして、私とともに自転車で町じゅうを走り回って、撮影してくださいました。横須賀拓さんのデザイン、カワナカユカリさんのイラストマップのおかげで、チャーミングな本になりました。

最後に、ちいさなお願いがあります。それは、お店の人がいつもお客さんのことを考えているのと同じように、お客さんもお店への敬意を忘れないでいただきたいということです。

谷根千がマスメディアで取り上げられることが多くなったのと比例するように、周りを顧みないお客さんが増えているとよく耳にします。とくにデジカメやカメラ付きの携帯電話・スマートフォンが普及してからは、店内での無断撮影やブログやツイッターへの掲載といった行為が見受けられるようになりました。

お気に入りのものを見つけたら、記録しておきたい気持ちはよく判るのですが、お店はその店の人にとって大切な空間であり、居場所であることを理解していただきたいのです。

いちど、休日に谷根千におでかけになる際に、スマホを置いて町を歩いてみてはどうでしょう？　記録を残すことにこだわらずに、見たもの聴いたものを素直に楽しむ。なかでもとくに印象に残ったものは、記憶として自然と心に焼きつけられるのではないでしょうか。

これからも、谷根千という町と良いお付き合いをしていきたいと思っています。

２０１７年10月5日　秋風のここちよい日に

南陀楼綾繁

南陀楼綾繁（なんだろう・あやしげ）
1967年、島根県出雲市生まれ。ライター・編集者。2005年から谷中・根津・千駄木で活動している「不忍ブックストリート」の代表として、各地のブックイベントに関わる。「一箱本送り隊」呼びかけ人。著書『一箱古本市の歩きかた』（光文社新書）、『ほんほん本の旅あるき』（産業編集センター）、『町を歩いて本のなかへ』（原書房）ほか。

写真　和田高広
デザイン　横須賀拓
イラスト　カワナカユカリ

◎協力
谷根千工房
不忍ブックストリート

◎写真提供
山田しげる（谷根千ウロウロ）：P47左上から3点／P88／P89上・下／P116

新版　谷根千ちいさなお店散歩

2017年11月15日　第1版第1刷発行

著者　南陀楼綾繁
発行者　玉越直人
発行所　WAVE出版
〒102-0074
東京都千代田区九段南3-9-12
TEL　03-3261-3713
FAX　03-3261-3823
振替　00100-7-366376
E-mail: info@wave-publishers.co.jp
http://www.wave-publishers.co.jp

印刷・製本　モリモト印刷

NDC689 159p 21cm
ISBN978-4-86621-094-0